寰宇財金 106

史瓦格
期貨技術分析
（下）

Schwager on Futures
Technical Analysis

Jack D. Schwager　著

寰宇財務顧問公司　譯

John Wiley & Sons, Inc.

New York · Chichester · Brisbane · Toronto · Singapore

Schwager on Futures Technical Analysis
by Jack D. Schwager

前　言

　　成功的交易不能濃縮成為一種簡單的指標、公式或系統──這正是許多書籍與廣告所宣稱的功能。本書是由交易者的角度撰寫，不準備根據一些理想化的範例來提供另一套分析技巧、指標或系統。

　　本書在解釋各種分析技巧與方法的過程中，永遠記住一些其他書籍經常忽略的關鍵問題：相關的方法如何套用在實務的交易？它們適用於或不適用於實際的交易？如果某套方法失敗，將會產生什麼後果？如何設計與測試交易系統，如此才能將未來──而不是過去──的績效最大化？

　　這是一本實用的書。我曾經利用書中的方法建立一套非常成功的交易方法──沒錯！賺取真正的鈔票。若是如此，我為什麼願意與大家分享呢？套用一個比喻，我僅是提供一些工具，而不是一份建築藍圖──這必須由讀者自行設計。我相信讀者如果對於技術分析的態度很認真，應該可以體會個人努力的重要性，而本書也確實可以提供助益。

傑克•史瓦格

紐約，紐約

1995 年 10 月

謝 辭

在進入期貨界的早期階段，我是一位純粹的基本分析者，完全排斥技術分析——或許需要補充說明一點，這種看法是直覺的認定，而不是來自任何的知識或經驗。當時，我在一家大型經紀商負責研究的工作。部門中的一位研究員是技術分析者，而我開始發覺一些奇怪的現象：他經常可以正確判斷行情的發展。稍後，我們成為好朋友，他教我一些基礎的圖形分析觀念。隨著經驗的累積，我對於技術分析的看法有了 180 度的大轉變。這位首先引導我瞭解技術分析，並改變我整個專業生涯的朋友是 Steve Chronowitz。如果沒有 Steve，這本書可能永遠不會存在。

過去七年以來，我最密切的工作夥伴是 Louis Lukac，他與我共同服務於一家商品交易顧問公司。Louis 不僅是一位極端高明的程式設計師，而且非常擅長系統設計與測試。這些年來，我設計的系統都是由 Louis 轉化為電腦程式，並協助我將這些系統結合成為複雜的電腦化交易方法。如果沒有 Louis，我絕對沒辦法眼見自己的觀念實現於交易之中，並獲取金錢的報酬。

本書所涵蓋的範圍相當廣泛，我在某些領域內的專業知識並不能讓自己滿意，於是我邀集一些專家共同完成某些章節的內容。這些專家與主題包括：Tom Bierovic（擺盪指標）、

Richard Mogey（循環分析）與 Steve Nison（陰陽線）。

　　雖然前述的這些幫助都很重要，但我希望對我的妻子 Jo Ann 致上最大的謝意。她瞭解我撰寫這一系列書籍的需要——甚至應該說是慾望——將內心的想法轉化為實際的文字。我感謝她對於這項計劃的支持，雖然她完全瞭解這將嚴重影響我們共處的時間與家庭的活動。最後，我也希望感謝我的小孩 Daniel、Zachary 與 Samantha，容忍我經常不能與他們相處在一起。

除非特別說明，否則本書的圖形都是由 Prudential Securities Inc. 提供。

傑克•史瓦格

目　錄

第 II 部分：圖形分析的實務運用

下　冊

第 III 部分：擺盪指標與循環

第 IV 部分:交易系統與績效衡量

第 V 部分：交易實務指引

24　市場智慧

第 III 部 分

擺盪指標與循環

　　　　　　　　　　擺盪指標

Thomas A. Bierovic*

> 我 知 道 　 數 以 百 萬 計 的 不 成 功 案 例 ， 這 當
> 然 代 表 很 多 知 識 。

愛迪生

　　擺盪指標（oscillators）是最有價值的技術分析工具之一，
但它們也是最經常被誤解與誤用的技術指標。本章不僅討論擺
盪指標的理論背景與建構方法，也說明實務上的有效運用方
式。

　　市場的趨勢是指價格波動的整體方向——朝上、朝下或橫
向。市場動能（momentum）是價格發展的加速度或減速度。
擺盪指標是透過數學方式來衡量市場的動能。早在 1920 年代
初期，技術分析家就設計擺盪指標來衡量市場動能，不再將研
究分析侷限在趨勢的判斷上。

　　在任何的趨勢中，價格都會不斷蓄積、維持或喪失動能。

---

* Tom Bierovic 是 *A Synergetic Approach to Profitable Trading* 一書的作者，
也是 *Synergetic Technical Analysis* 錄影帶系列的主講人。他主持的每日資訊
服務公司 Synergy Fax 專門提供美國期貨市場的交易建議。Bierovic 曾經在
全球六大洲的 25 個國家舉辦講習會，並在伊利諾州的 Wheaton 設立工作室，
訓練專業交易員與初學的交易者。

在任何的趨勢中，價格都會不斷蓄積、維持或喪失動能。在上升（下降）趨勢中，喪失動能——價格減速上漲（下跌）——是趨勢反轉的早期警訊。所以，如果擺盪指標顯示上升趨勢正在喪失動能，這代表上升趨勢可能停頓，價格將演變為橫向走勢或向下反轉。同理，如果擺盪指標顯示下降趨勢正在喪失動能，這代表下降趨勢可能停頓而向上反轉。

兩條移動平均的擺盪指標與擺盪指標的基本觀念

兩條移動平均的穿越系統（dual moving average，DMA）是著名的順勢指標，它可以建構一種單純的擺盪指標。這套系統採用一條快速而敏感的均線，一條慢速而較不敏感的均線，透過這兩條均線的相互穿越來提供訊號。就這方面的討論，我們採用 5 天期的指數移動平均（exponential moving average，EMA）為快速線，20 天期的 EMA 為慢速線。

將快速線（EMA:5）減去慢速線（EMA:20），可以將移動平均穿越系統轉換為擺盪指標。這種簡單的擺盪指標是衡量兩條移動平均的差值，藉以判斷趨勢是在增加或喪失動能（參閱圖 15.1）。如果快速線加速而遠離慢速線，代表趨勢的動能在增加中；如果快速線減速而逼近慢速線，代表趨勢的動能在喪失中。擺盪指標中的零線對應快速線與慢速線相等的位置。假定快速線位在慢速線之上，如果兩者的距離加大，代表上升趨勢的動能在增加中；如果兩者的距離縮小，代表上升趨勢的動

圖 15.1

兩條移動平均 (DMA) 的擺盪指標

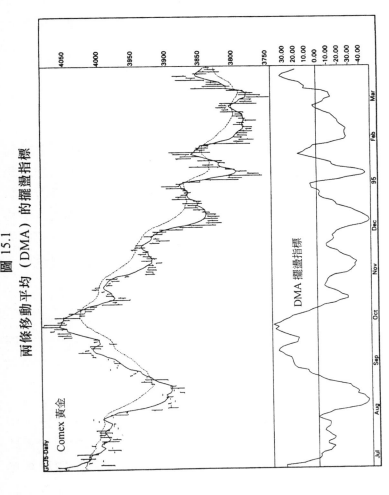

附註：DMA 擺盪指標是將 5 天期 EMA 減去 20 期 EMA，藉以反映市場的動能。

能在衰退中。假定快速線位在慢速線之下，如果兩者的距離加大，代表下降趨勢的動能在增加中（換言之，擺盪指標的負值讀數愈來愈高）；如果兩者的距離縮小，代表下降趨勢的動能在衰退中。

超買與超賣讀數

擺盪指標的超買（overbought）與超賣（oversold）讀數可以反映價格行為的某種意涵。如果擺盪指標上升而讀數到達極度偏高的水準，市場進入超買狀態；如果擺盪指標下降而讀數到達極度偏低的水準，市場進入超賣狀態。超買行情代表價格的上漲速度太快而幅度偏高，超賣行情代表價格的下跌速度太快而幅度偏高。換言之，如果擺盪指標進入超買或超賣的區域，代表行情應該整理或趨勢應該反轉。

可是，交易者不可以僅因為價格進入超買狀態而放空，或因為價格進入超賣狀態而買進。這種策略雖然適用於交易區間的行情，但在趨勢明確的市場中將造成可怕的災難。本章稍後將討論擺盪指標的有效運用方法。

就前述的簡單擺盪指標來說，超買與超賣水準是分別由水平的直線來界定，它們涵蓋擺盪指標峰位與谷底的程度大約僅佔 10%的走勢。換言之，其他 90%走勢的擺盪指標讀數應該落在超買與超賣之間的非極端區域。交易者需要定期調整超買與超賣的水準（請參考圖 15.2）。

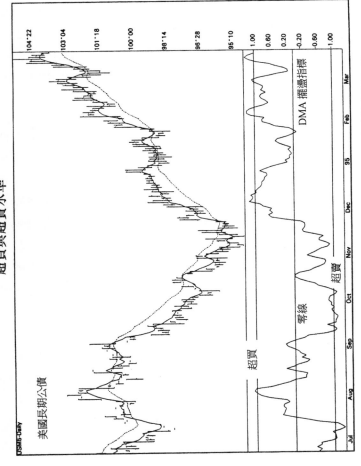

圖 15.2
超買與超賣水準

附註：零線代表 5 天期 EMA 等於 20 天期 EMA，超買線定義為+1.0，超賣線定義為−1.0。

背離

　　擺盪指標的另一項功能是提供背離（divergence）的訊號；換言之，價格創新高或新低而擺盪指標沒有產生對應的新高或新低讀數。多頭背離（bullish divergence）是指價格走勢的低點下降，但擺盪指標讀數的低點卻墊高（請參考圖 15.3）。空頭背離（bearish divergence）是指價格走勢的高點墊高，但擺盪指標讀數的高點卻下滑（請參考圖 15.4）。

　　背離是價格趨勢發生變化的早期警訊。當擺盪指標提供正確的背離訊號時，可以讓交易者在底部買進，在頭部賣出。可是，擺盪指標的背離訊號經常發生錯誤。畢竟來說，擺盪指標的背離訊號都是衡量反向的趨勢，交易者可能在低點之前買進，或在高點之前賣出。在延伸性的價格走勢中，趨勢最後反轉之前，可能發生 2 個、3 個或更多個背離。可是，如果我們等待價格本身的確認，可以顯著提昇擺盪指標背離訊號的可靠性。價格行為必須顯示擺盪指標的訊號有很高的正確可能性。這類的價格確認方式有很多種，包括：突破趨勢線（圖 15.5）、突破移動平均（圖 15.6）與反轉線形（圖 15.7）。下文中，我們將討論五種常用的擺盪指標，然後探討兩種確認擺盪指標訊號的方法：移動平均通道（moving average channel）與迷你 M 頭／迷你 W 底（micro-M tops / micro-W bottoms）。

圖 15.3
多頭的背離

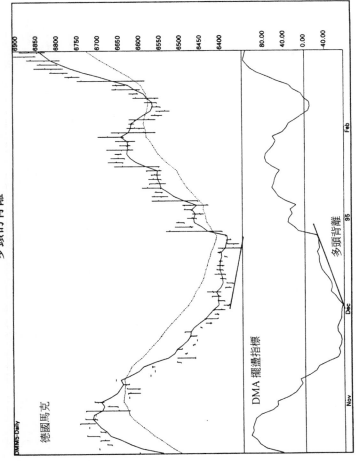

DMM5-Daily

德國馬克

DMA 擺盪指標

多頭背離

附註：多頭背離是價格走勢的低點下降，DMA 擺盪指標的低點墊高，代表新的上升趨勢。

圖 15.4
空頭的背離

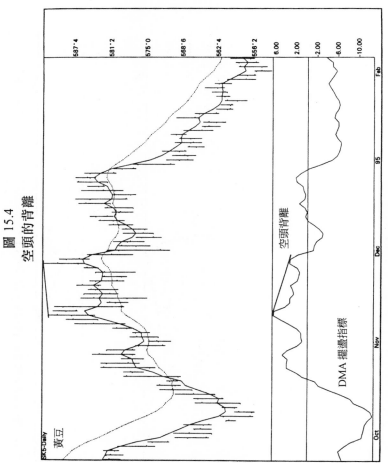

附註：空頭背離是價格走勢的高點墊高，DMA 擺盪指標的高點下滑，代表新的下降趨勢。

圖 15.5

突破趨勢線的確認

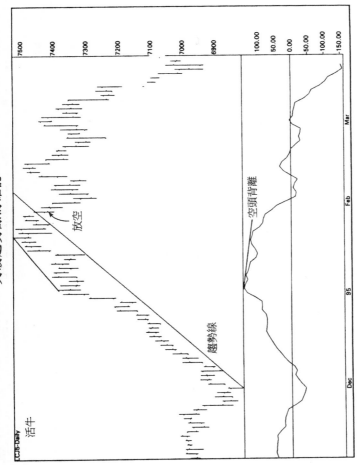

附註：當價格走勢與擺盪指標之間發生空頭背離的現象，活牛價格突破上升趨勢線。突破趨勢線可以用來確認擺盪指標的訊號。

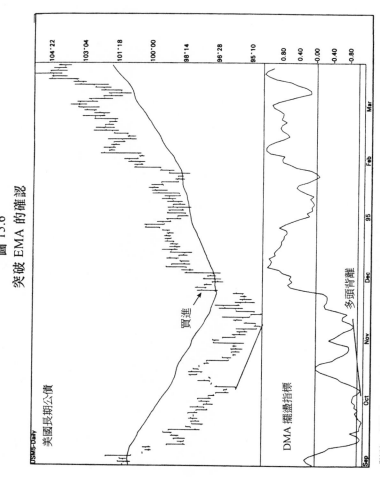

圖 15.6
突破 EMA 的確認

附註：價格在 1994 年 11 月向上突破 50 天期的 EMA，確認 DMA 擺盪指標的多頭背離訊號。

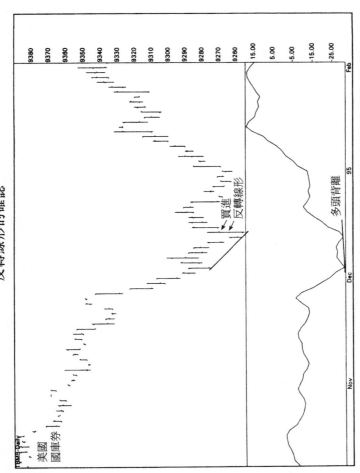

圖 15.7

反轉線形的確認

附註：1994 年 12 月出現多頭的背離，國庫券在下跌趨勢中創新低，但當天的收盤拉回而而高
於前一天的收盤價。這種反轉線形可以確認多頭背離，顯示趨勢將向上反轉。

動能擺盪指標

動能擺盪指標（momentum oscillator）是比較今天的收盤價與過去某特定日期的收盤價。舉例來說，9 天期的動能線是以今天的收盤價減去 9 天之前的收盤價。如果希望取得較快或較慢的擺盪指標，可以減少或增加計算過程中的天數（參考圖15.8）。動能擺盪指標的計算公式為：$M = C - C_n$，其中 C 是最近的收盤價，C_n 是 n 天之前的收盤價。

假定 $n = 9$，如果 9 天期的動能指標位在零線之上而處於上升狀態，代表 9 天期的價格差值為正數，而且差值持續增加之中——換言之，價格處於上升趨勢，而且加速發展（圖 15.9）。如果動能線趨於平坦，代表 9 天期的價格差值沒有變化，價格維持固定的上升速度。如果動能在零線之上開始下滑，代表過去 9 天的價格差值小於先前的 9 天期價格差值——換言之，價格雖然繼續上漲，但速度減緩。

如果 9 天期動能擺盪指標跌落零線之下，目前的收盤價低於 9 天前的收盤價。如果下降趨勢加速發展，動能線將持續離開零線。如果動能線在負值區域向上翻升，雖然目前的價格仍然低於 9 天前的價格，但兩者的差值已經逐漸減少——換言之，下降趨勢處於減速發展中。

動能擺盪指標是一種領先指標——當指標的讀數開始趨於平緩時，價格趨勢將繼續維持上升或下降的狀態。當價格趨勢開始放緩時，動能指標將發生反轉。由於價格趨勢改變方向之前，動能通常會先下降，所以動能指標是趨勢反轉的早期訊號。

圖 15.8
比較不同期間長度的動能指標

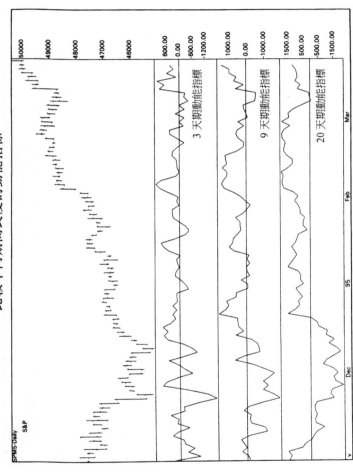

附註：這份圖形顯示 S&P 期貨的 3 天期、9 天期與 20 天期的動能指標。

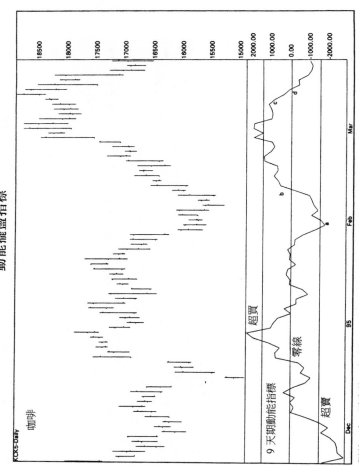

圖 15.9

動能擺盪指標

附註：在 a 點之後，咖啡的空頭動能開始下降。在 b 點之後，動能轉為多頭。在 c 點之後，多頭動能開始減弱。在 d 點之後，動能轉為空頭。

變動率

變動率（rate of change，ROC）是另一種擺盪指標，也是比較今天的收盤價與過去某特定日期的收盤價。它非常類似於動能擺盪指標，解釋的原則也完全相同（參考圖 15.10）。

9 天期的 ROC 是以今天的收盤價除以 9 天之前的收盤價。如果今天的收盤價等於 9 天前的收盤價，ROC 的讀數等於 1。如果今天的收盤價高於 9 天前的收盤價，ROC 的讀數大於 1；如果今天的收盤價低於 9 天前的收盤價，ROC 的讀數小於 1。ROC 擺盪指標的計算公式為 $ROC = C/C_n$，其中 C 是最近的收盤價，C_n 是 n 天前的收盤價。

技術分析者會觀察動能與 ROC 的超買與超賣情況，以及多頭與空頭的背離。動能與 ROC 的超買和超賣水準，它們的決定方式類似於 DMA 擺盪指標；換言之，水平直線所界定的超買與超賣區域僅應該涵蓋 10%的指標峰位與谷底。當動能與 ROC 指標進入極端區域，意味著趨勢很難進一步發展而不出現修正或整理。多頭或空頭的背離可以提供額外的資訊，顯示當時的趨勢至少喪失一部分的力量。如果動能與 ROC 在超賣區域發生多頭的背離，應該留意價格的買進訊號（圖 15.11）；如果在超買區域發生空頭的背離，應該留意價格的賣出訊號。

圖 15.10

動能與變動率的比較

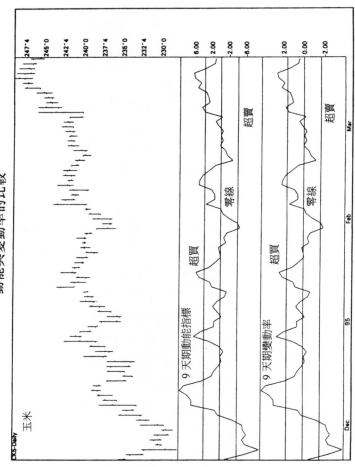

附註：動能與變動率的計算方法雖然不同，但曲線的形狀非常類似，兩者都是衡量價格變動速度的合理方法。請注意，縱軸的刻度雖然不同，但不影響它們的解釋。

圖 15.11

變動率的多頭背離

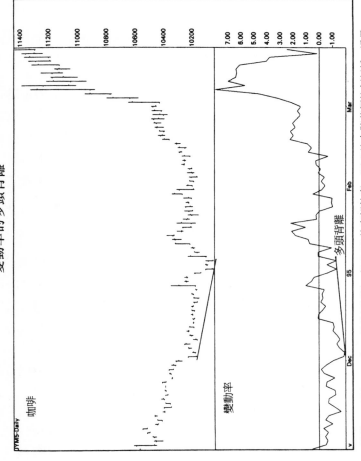

附註：日圓在 1995 年 1 月份創新低，但 ROC 的底部墊高。ROC 沒有隨著價格創新低，這是趨勢向上反轉的早期警訊。

移動平均收斂發散指標

移動平均收斂發散指標(moving average convergence-divergence，MACD)是由 Gerald Appel 提出的觀念，這是一種很可靠的技術指標。它結合擺盪指標與順勢指標的優點，除了可以衡量市場動能之外，也不會喪失順勢指標的功能。

MACD 不同於其他常用的擺盪指標（例如：RSI 與隨機指標），它的讀數不會擺盪於某固定的區間內[1]。只要趨勢繼續蓄積動能（換言之，快速均線與慢速均線的差值繼續擴大），MACD 就會繼續創新高或新低。就這方面來說，它的行為類似於順勢指標。另外，MACD 也可以透過兩條移動平均線來衡量價格的加速或減速發展，藉以顯示市場是蓄積或喪失動能。就這方面來說，它是擺盪指標。

MACD 是由兩條曲線構成，而這兩條曲線又是來自於三條 EMAs。MACD 線是取 12 期 EMA 與 26 期 EMA 的差值；訊號線（signal line）是取 MACD 線的 9 期 EMA（參考圖 15.12）。許多技術分析者是根據個別市場而選取不同的 MACD 最佳化參數值，或是就 MACD 的買進訊號與賣出訊號選用不同的參數值。就我個人而言，不論任何市場或買進／賣出訊號，一律採用 12-26-9 的 MACD，。

MACD 柱狀圖是 MACD 線與訊號線的另一種常用表示方法。這是由 MACD 線減去訊號線，將差值表示為零線之上或

---

[1] 本章稍早討論的三種擺盪指標也不會侷限在一定的讀數區間內。

之下的垂直狀長條圖（參考圖 15.12）。某些技術分析者認為 MACD 柱狀圖的及時性與實用性超過 MACD 線／訊號線。我個人認為 MACD 柱狀圖太過於敏感而不適用於大多數的情況。

利用 MACD 進行交易的基本方法是：MACD 線向上穿越訊號線，則買進；MACD 線向下穿越訊號線，則賣出。可是，單純根據 MACD 穿越訊號進行交易，經常造成反覆的結果。最適當的運用方法是在穿越訊號發生之前，先取得經過價格確認的背離訊號（參考圖 15.13 與 15.14）。

相對強弱指數

相對強弱指數（relative strength index，RSI）是由韋達（J. Welles Wilder, Jr.）在 1978 年的作品 *New Concepts in Technical Trading Systems* 中提出。就目前普遍使用的所有擺盪指標來說，RSI 在趨勢線、圖形排列與支撐／壓力等技術分析的運用方面最適用。透過這些分析方法，再配合超買／超賣水準與背離現象，RSI 對於市場行為的解釋能力很高。

RSI 是比較下列兩者之間的價格相對強度，收盤價高於前一天收盤價的程度與收盤價低於前一天收盤價的程度。計算公式為：

圖 15.12
MACD

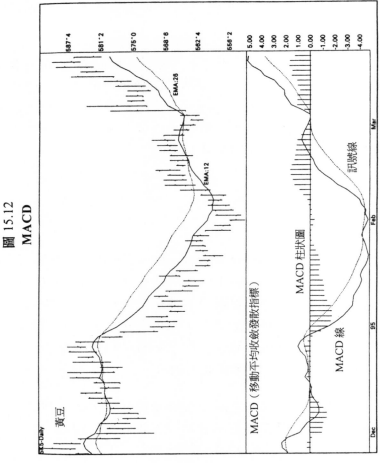

附註：上側的視窗中列示 12 天期與 26 天期的指數移動平均（EMA），藉以推演 MACD。在下側的視窗內，MACD 線表示為實線，訊號線是 MACD 線的 9 天期 EMA，表示為虛線。位在零線上側與下側的長條圖，代表 MACD 柱狀圖，其高度反映 MACD 線減去訊號線的差值。

圖 15.13

MACD 的多頭背離

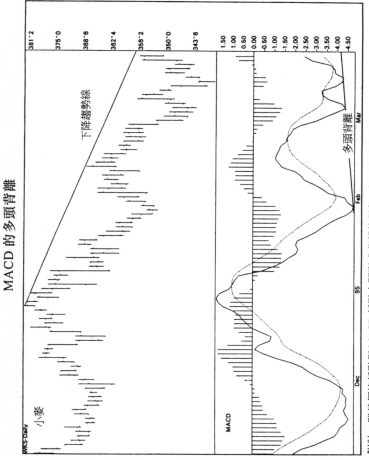

附註：雖然價格低點與 MACD 低點之間形成背離的現象，但不應該立即進場，應該等待價格向上突破趨勢線的確認訊號。

圖 15.14
空頭背離與 MACD 穿越訊號的確認

附註：當空頭背離現象發生時，歐洲美元出現向下反轉的線形，跌破上升趨勢線，收盤價低於 50 天期 EMA。這些徵兆可以確認 MACD 的賣出訊號，代表一筆成功機率很高的交易。圖形中標示的「放空」位置，恰好對應價格趨勢反轉的確認訊號（跌破趨勢線與移動平均）。

$$RSI = 100 - [100 / 1 + RS]$$

其中 *RS* 是「某特定期間內上漲收盤價差值的平均值」除以「某特定期間內下跌收盤價差值的平均值」。

以 9 天期的 RSI 為例，首先加總 9 天期間內上漲收盤價的差值（相對於前一天而言），然後除以 9。其次加總 9 天期間內下跌收盤價的差值（相對於前一天而言），再除以 9。接著，把上漲平均值除以下跌平均值，結果即是 *RS*。將 *RS* 代入前述的公式中，如此計算的 RSI 讀數將擺盪於 0 與 100 之間。

RSI 的計算可以採用任何的期間長度。韋達最初的建議是採用 14 天的期間，但目前的技術分析者大多偏好採用比較快速而敏感的指標，例如：5 天期、7 天期或 9 天期的 RSI。超買／超賣讀數通常設定為 70／30 或 80／20。可是，某些分析者嘗試透過歷史測試程序而設定每個市場的最佳化期間天數，並根據個別市場的當時趨勢調整超買／超賣水準。就我個人而言，對於所有的市場，我都一律採用 9 天期的 RSI，超買／超賣水準也固定為 70／30。

最可靠的 RSI 買進與賣出訊號，通常是它與價格之間的背離現象。多頭背離是指價格底部下滑而 RSI 底部墊高，代表潛在的買進機會（參考圖 15.15）；空頭背離是指價格頭部上升而 RSI 的頭部下滑，代表潛在的賣出機會（參考圖 15.16）。當交易者察覺多頭或空頭的背離時，應該專心觀察價格的走勢，等待價格發生趨勢反轉的訊號，藉以確認 RSI 的背離。

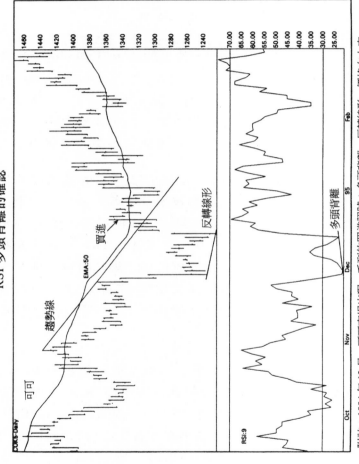

圖 15.15

RSI 多頭背離的確認

附註：1994 年 12 月，可可市場出現一系列的買進訊號：多頭背離、反轉線形、價格向上突破趨勢線與移動平均。

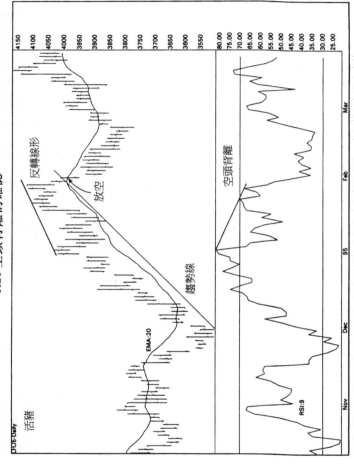

圖 15.16
RSI 空頭背離的確認

附註：即使得到順勢的價格確認，擺盪指標的背離訊號也未必成功。當背離現象發生之後，價格出現反轉線形，並且向下突破趨勢線與移動平均，但下跌走勢僅維持 13 天，然後回升而創新高。

隨機指標

　　隨機指標（stochastic oscillator）是喬治•雷恩（George Lane）在 1950 年代末期所創的交易指標。隨機指標是衡量某特定期間內收盤價相對於高／低價格區間的位置，藉以評估市場的動能。以 14 天期的指標為例，這是衡量收盤價在最近 14 天內高／低價格區間中的位置。隨機指標是將收盤價與高／低價格區間的關係表示為百分率，讀數介於 0 與 100 之間。讀數為 70 或以上，代表收盤價位在交易區間的上端；讀數為 30 或以下，代表收盤價位在交易區間的下端。

　　在強勁的上升趨勢中，收盤價經常位在最近交易區間的上端；在強勁的下降趨勢中，收盤價經常位在最近交易區間的下端。當上升趨勢即將轉折時，收盤價將逐漸遠離區間的高點；當下降趨勢轉即將結束時，收盤價將逐漸遠離區間的低點。隨機指標可以提出技術性的警訊：在上升趨勢中，多方不能把收盤價拉高到區間高點附近；在下降趨勢中，空方不能把收盤價壓到區間低點附近。

　　隨機指標是由兩條曲線構成：%K 與%D。%K 的計算公式為%$K = [(C - L_n) / (H_n - L_n)]$，其中 C 是目前的收盤價，L_n 是 n 天期之內的最低價，H_n 是是 n 天期之內的最高價。%D 的計算公式是%$D = 100 (H_3 / L_3)$，其中 H_3 是 $(C-L_n)$ 的 3 天總和，L_3 是 $(H_n - L_n)$ 的 3 天總和。

　　前述公式中介紹的隨機指標是屬於快速的版本，一般認為這種版本的指標太敏感而波動過於劇烈。前述的指標再經過

3 期的平滑之後，結果是慢速版本的隨機指標，這也是目前普遍被接受的版本。在慢速版本中，快速%D 變成慢速的%K，快速%D 的 3 天移動平均變成慢速%D。習慣上，慢速%K 繪製為實線，慢速%D 繪製為虛線（參考圖 15.17）。

我個人偏好採用慢速版本的隨機指標，超買／超賣水準設定在 70 與 30，尤其重視指標與價格之間的背離現象。如果價格創新高而不能受到隨機指標的確認，等待%K 向下穿越%D，並且跌破超買水準 70；如果價格創新低而不能受到隨機指標的確認，等待%K 向上穿越%D，並且向上突破超賣水準 30。一旦隨機指標發生多頭或空頭背離之後，必須留意價格本身的買進或賣出確認訊號。圖 15.18 中說明買進的確認訊號（採用雙重的條件），圖 15.19 說明賣出確認訊號的例子。

移動平均通道

移動平均通道（moving average channel，MAC）是針對擺盪指標背離訊號提供順勢確認的一種簡單而有效的方法。MAC 的方法特別適用於初學者，不僅可以提供合理的進場點，還能夠藉以設定起始停損與追蹤性停止點。

MAC 是由 n 天期高價的 EMA 與 n 天期低價的 EMA 構成。我個人偏愛採用 28 天的期間長度（$n = 28$）。通道的高限與低限經常可以代表壓力與支撐。MAC 能夠有效衡量價格波動程度——價格波動劇烈使通道擴大，價格波動緩和使通道縮小。

圖 15.17

快速與慢速的隨機指標

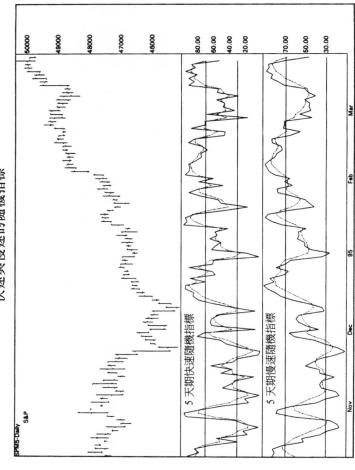

附註：這份圖形中對照兩個版本的隨機指標：5 天期的快速隨機指標與運用上比較普遍的 5 天期慢速隨機指標。

圖 15.18

隨機指標多頭背離的確認

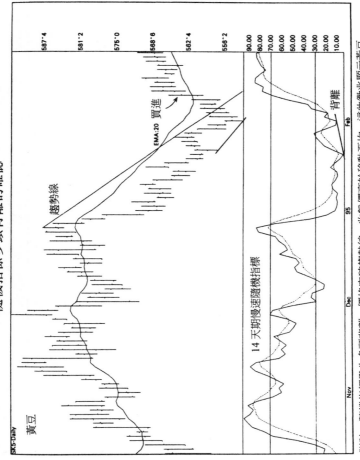

附註：隨機指標發生多頭背離，價格突破趨勢線，收盤價高於移動平均，這些徵兆將顯示黃豆將出現嶄新的多頭趨勢。

圖 15.19

隨機指標空頭背離的確認

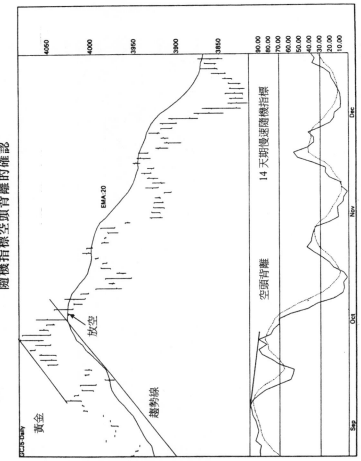

附註：隨機指標發生空頭背離，價格突破趨勢線，收盤價低於移動平均，這些徵兆顯示黃金處於主要的下降趨勢中。

擺盪指標與移動平均通道：做多

價格向上穿越 MAC 的高限，這是擺盪指標訊號的順勢價格確認（參考圖 15.20）。價格行為告訴你，擺盪指標的訊號很可能正確無誤。

以下將說明如何運用 MAC 與背離現象來設定進場與出場點。一旦價格與擺盪指標之間發生多頭背離現象之後，在 MAC 的高限上方一檔處設定停止買單。在背離現象發生的第一天，如果價格沒有向上穿越 MAC 的高限，繼續在 MAC 的高限上方一檔處設定停止買單，直到停止單被觸發而建立多頭部位為止。（如果在部位建立之前，價格與擺盪指標同時創新低，抽回停止單而等待另一個多頭背離。）建立多頭部位之後，將停止賣單設定在 MAC 低限下方一檔處。交易的風險將侷限在最近平均交易區間的下側幾檔（除非滑移價差很嚴重或開盤跳空而穿越你的停止賣點）。

隨著價格走高，繼續在 MAC 低限下方一檔處設定追蹤性停止賣單，直到趨勢反轉而部位被停止出場為止（但願獲利不錯）。如果在價格跌破 MAC 低限之前出現空頭背離，將它視為是停止而反轉的訊號，結束多頭部位，同時建立新的空頭部位。

擺盪指標與移動平均通道：做空

價格向下穿越 MAC 的低限，這是擺盪指標賣出訊號的順

勢價格確認(參考圖 15.21)。一旦價格與擺盪指標之間發生空頭背離現象之後,在 MAC 的低限下方一檔處設定停止賣單。在背離現象發生的第一天,如果價格沒有向下穿越 MAC 的低限,繼續在 MAC 的低限下方一檔處設定停止賣單,直到停止單被觸發而建立空頭部位為止。(如果在部位建立之前,價格與擺盪指標同時創新高,抽回停止單而等待另一個空頭背離。)建立空頭部位之後,將停止買單設定在 MAC 高限上方一檔處。隨著價格走低,繼續在 MAC 高限上方一檔處設定追蹤性停止買單,直到趨勢反轉而部位被停止出場為止。如果在價格突破MAC 高限之前出現多頭背離,將它視為是停止而反轉的訊號,結束空頭部位,同時建立新的多頭部位。

移動平均通道的其他相關建議

移動平均通道的方法還有兩個額外的考量,交易者或許有興趣瞭解,一是關於擺盪指標,一是關於風險管理。

1. 你可以同時觀察三種最偏愛的擺盪指標,留意三者之中至少有兩者發生背離現象的情況。舉例來說,你可以追蹤 MACD、RSI 與隨機指標,三者的走勢基本上一致,但型態不會完全相同。等待這三種擺盪指標中至少有二種發生背離的現象,這可以提高訊號成功的機率。

2. 繼續持有部位直到價格反向穿越 MAC,這種策略通常適用於趨勢明確而穩定的行情。可是,面對著目前

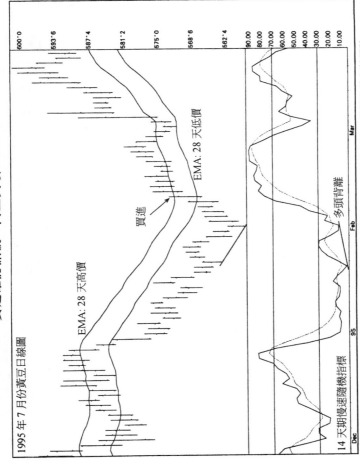

圖 15.20
買進確認訊號：向上突破 MAC

1995 年 7 月份黃豆日線圖

EMA：28 天高價

買進

EMA：28 天低價

多頭背離

14 天期慢速隨機指標

附註：發生多頭背離之後，等待價格突破 28 天高價的 EMA，然後買進。計算你的起始風險與出場價位，將追蹤性停止賣單設定在 28 天低價 EMA 的下方一檔處。

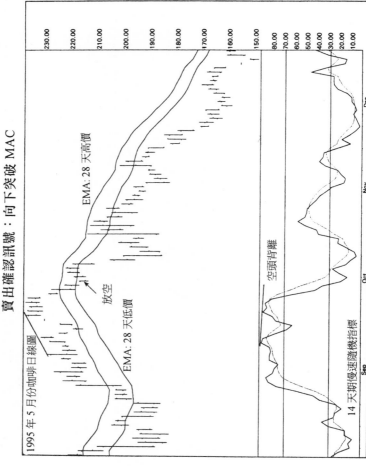

圖 15.21

賣出確認訊號：向下突破 MAC

1995 年 5 月份咖啡日線圖

EMA: 28 天高價

放空

EMA: 28 天低價

空頭背離

14 天期慢速隨機指標

Sep Oct Nov Dec

230.00
220.00
210.00
200.00
190.00
180.00
170.00
160.00
150.00
80.00
70.00
60.00
50.00
40.00
30.00
20.00
10.00

附註：發生空頭背離之後，等待價格跌破 28 天低價的 EMA，然後放空。計算你的起始風險
與出場價位，將追蹤性停止買單設定在 28 天高價 EMA 的上方一檔處。

波動劇烈的市場,你或許希望在目標價位主動獲利了
結,而不願意被動等待趨勢反轉觸發停止點。

你可以根據部位的起始風險程度設定相關的出場
目標價位。進場之前,首先評估行情萬一發生不利的
走勢,你希望在何處停損出場。進場價位與停損價位
之間的差額,就代表交易的起始風險。如果隨後的行
情朝有利方向發展,幅度等於或大於起始風險,可以
考慮將停止點移到損益兩平的價位;主動的獲利目標
價位可以設定為起始風險的兩倍或三倍。如果帳戶的
規模與風險的容忍程度允許你從事多口契約的交易,
可以在目標價位了結部分的契約,剩餘部分採用追蹤
性停止單出場。

迷你 M 頭與迷你 W 底

迷你 M 頭與迷你 W 底(micro-M tops and micro-W bottoms)
是代表多 / 空雙方在行情轉折點發生搏鬥的圖形排列,經常可
以用來確認擺盪指標的訊號。迷你 M 頭是起始於一個未經過
確認的高點。當價格開始向下折返而形成空頭背離之後,隨後
的反彈走勢失敗而價格又下跌,這就完成迷你 M 頭。同理,
迷你 W 底是起始於一個未經過確認的低點。當價格開始向上
折返而形成多頭背離之後,隨後的回挫走勢失敗而價格又上
漲,這就完成迷你 W 底。

透過擺盪指標與迷你 W 底進行交易的詳細法則如下(請

參考圖 15.22）：

1. 當你察覺多頭背離的低點之後，留意收盤價高於前一天收盤價的線形，而且隨後緊跟著一支收盤價比較低的線形。

2. 在前述上漲／下跌的線形序列之後，當價格高於上漲／下跌排列的高價則買進。換言之，買點設定在上漲／下跌排列高點的上方一檔處。進場點不必要剛好是上漲／下跌排列的隔天。在迷你 W 底中，唯有上漲／下跌排列的線形需要連續發生。

3. 起始部位的停損設定在多頭背離最低價的下方一檔處。如果價格上揚，可以在目標價位主動獲利了結，或採用追蹤性停止賣單出場。如果你交易多口契約，一部分的契約可以在目標價位獲利了結，其餘部分採用追蹤性停止單。

迷你 M 頭的交易法則如下（請參考圖 15.23）：

1. 當你察覺空頭背離的高點之後，留意收盤價低於前一天收盤價的線形，而且隨後緊跟著一支收盤價比較高的線形。

2. 在前述下跌／上漲的線形序列之後，當價格低於下跌／上漲排列的低價則放空。換言之，賣點設定在下跌／上漲排列低點的下方一檔處。進場點不必要剛好是下跌／上漲排列的隔天。在迷你 M 頭中，唯有下跌／上漲排列的線形需要連續發生。

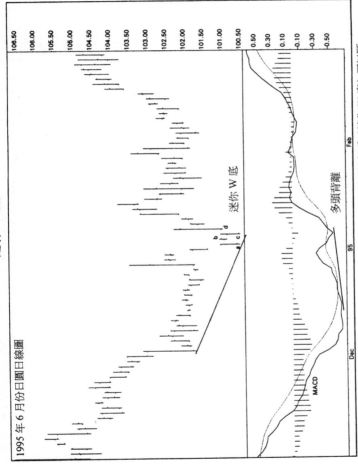

圖 15.22
迷你 W 底

1995 年 6 月份日圓日線圖

迷你 W 底

多頭背離

MACD

Dec

95

Feb

附註：MACD 沒有隨著價格創著新低而構成多頭背離。隨後的價格行為（迷你 W 底）可以順勢確認 MACD 的訊號。W 底開始於價格下跌到 a 點，這是多頭背離的低點。b 點與 c 點構成上漲／下跌的線形序列。d 點代表多頭部位的進場點，當天的價格高於 b 點的高價，起始部位的停損設定在 c 點低價的下方一檔處。

圖 15.23
迷你 M 頭

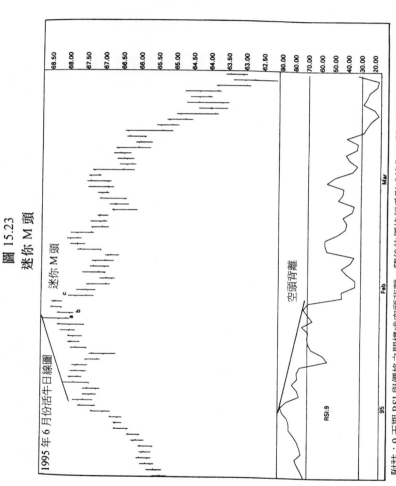

附註：9 天期 RSI 與價格之間構成空頭背離。隨後的價格行為形成迷你 M 頭，確認 RSI 的賣出訊號。a 點是空頭背離的高點，而且收盤價也低於前一天的收盤。b 點的收盤高於 a 點，完成下跌／上漲的線形序列。c 點代表空頭部位的進場點。當天的價格低於 b 點的價格，起始

3. 起始部位的停損設定在空頭背離最高價的上方一檔
   處。如果價格下跌,可以在目標價位主動獲利了結,
   或利用追蹤性停止買單出場。當然,你也可以在目標
   價位了結部分的契約,其餘部分採用追蹤性停止單。

結論

擺盪指標在橫向發展的交易區間中表現相當理想,但不
適用於趨勢明確的行情。

許多技術分析者試圖判斷市場的既有環境──交易區間或
明確趨勢──然後再選擇最適合當時環境的指標。如果市場處
於明確的上升或下降趨勢中,他們選用移動平均或其他順勢指
標;如果市場處於橫向走勢,他們選用擺盪指標或其他逆勢指
標。這種方法還是有其窒礙難行之處,因為任何的趨勢最後都
會發展為交易區間,而任何的交易區間遲早都會突破而進入趨
勢明確的走勢中。預先判斷交易區間與明確趨勢的演變,這是
非常困難的技巧──如果可能的話。

非常幸運地,除了根據市況挑選技術指標之外,還有比
較理想的解決辦法:唯有經過價格本身的確認之後,我們才接
受擺盪指標的訊號。移動平均通道(MAC)與迷你 M 頭/迷
你 W 底是兩種順勢的確認方法,可以顯著提高擺盪指標的績
效。對於技術交易者來說,擺盪指標是非常重要的分析工具,
但它們的重要性不可以超過價格本身。

期貨市場的循環分析

Richard Mogey 與 Jack Schwager[*]

> 「自然之道」使得天空中重複發生美妙的
> 景象,祂也決定地球上的萬物秩序。我們不可
> 以忽略這點。

馬克吐溫

循環確實存在嗎?

多年以來,循環是否存在的問題,始終是科學家與經濟學家熱烈爭議的主題之一。可是,真正的問題不在於循環是否存在——某些循環確實存在,例如:日夜與四季的循環——而在於自然、社會與經濟的現象中蘊含有多少程度的循環性質。舉例來說,太陽黑子確實存在循環(參考圖 16.1),但氣候存在循環嗎?景氣循環確實存在,但股票市場有循環嗎?

---

[*] Richard Mogey 是「循環研究基金會」(Foundation for the Study of Cycle,位在美國賓州的 Wayne)的執行董事。他接受 Tudor Investment 的贊助而於 1988 年加入基金會,專門研究期貨市場的循環。這些年來,Mogey 針對國內、外的主要期貨與外匯進行完整的循環研究。他本身由 1968 年以來也從事股票與期貨的交易。

圖 16.1
太陽黑子的循環

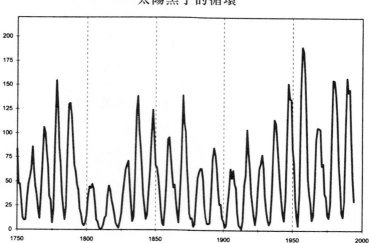

附註：自從 1749 年以來，太陽黑子呈現 11 年週期的循環。

　　正、反雙方都不乏熱衷的支持者，真實的情況可能居於兩個極端之間：循環的現象可能不如那些循環迷所相信的普遍程度，但也絕對超過反對者所宣稱的罕有程度。由統計研究報告中可以發現，許多經濟數列（例如各種價格數列）都存在顯著的循環。舉例來說，股票市場存在一個 40 個月週期的循環（請參考圖 16.2），根據統計檢定顯示，這種循環純屬巧合的發生機率僅有萬分之二。四十年以前，科學或經濟學界很少人相信循環。可是，目前卻有很多證據支持重覆發生的型態。

　　市場的價格資料中為什麼會存在循環呢？基本上有兩種

圖 16.2

股票市場中的 40 個月期循環

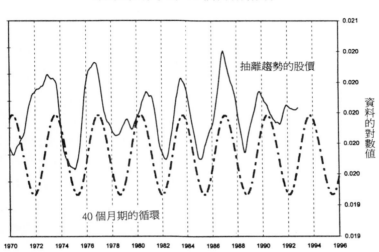

解釋，一是屬於基本面，一是屬於心理面。

1. 基本面：循環是反映供／需因子的落後影響。 舉例來說，如果牛肉缺貨，造成價格上漲，這是活牛生產者增加產量的誘因。可是，這個決策不可能立即執行而瞬間完成。生產者必須保留孕育小牛的母牛，減少屠宰量的供給。非常諷刺地，這項提高牛肉產量的決定，短期內反而會造成供給減少，牛肉價格更加上漲，繼續提供誘因而使得生產者保留更多的牛隻來孕育小牛。由孕育決策的改變，到牛隻到達上市的重量，這需要幾年的時間。當這些落後的供給到達市場時，牛肉價格開始下降。最後，價格的跌幅迫使生產者決定減少牛群的數量，短

期之內的供給將因此而增加，造成牛肉價格更進一步下跌。幾年之後，牛群數量減少將造成牛肉供給不足，價格又上漲，整個循環又重新來過。

2. **心理面：循環是反映交易者對於價格擺動的心理反應。**行情趨勢的發展不可能永遠持續。當價格朝某個方向發展一段期間之後，修正的可能性將逐漸增加。隨著行情的延伸，逆勢部位持有者的損失將繼續擴大，最後迫使他們認賠，造成上漲趨勢中的空頭回補（或下降趨勢中的多頭賣出），使得趨勢更進一步發展。於是，某些交易者決定獲利了結。另一些交易者擔心既有的獲利受到損失，決定在第一個趨勢反轉徵兆中了結部位。某些交易者覺得既有的趨勢已經過度延伸，愈來愈希望建立反向的部位。這些因素結合起來就會造成週期性的修正或趨勢反轉。

循環的理論僅意味著每個市場的這些基本面與心理面因子會造成大致上的時間型態。請留意其中的關鍵字眼「大致上」。市場的價格循環絕對不會像時鐘一樣的準確。如果股票市場存在 20 個星期的循環，這並不代表股價每隔 20 個星期就會準確地發生相對低點。否則，人們將因此而致富。可是，這種循環導致一種傾向，使得股價大約每隔 20 個星期就會到達相對低點。這些低點有時候會提早發生，有時候會落後，甚至完全不發生，因為循環還會受到其他因子的影響。然而，如果股價循環具有足夠的規律性，這項資訊將有助於交易的決策。

早期的循環研究

數千年以來,「循環」雖然已經是各種主要文明與宗教中的重要觀念;可是,一直到第 19 世紀初葉,人們才開始考慮經濟波動中的循環現象。很有趣地,第一個藉由循環角度瞭解經濟變動的人並不是一位經濟學家,而是天文學家——威廉•赫瑟爾爵士(Sir William Herschel),天王星的發現者。赫瑟爾在 1801 年提出一項假設,太陽黑子循環與氣候之間可能存在某種關係,這種關係可能影響農作物的收成,並間接影響整體經濟。大約在相同的期間,歐洲著名的 Rothschild 家族利用三個循環預測英國的利率,其中包括 40 個月的循環(稍後將進一步討論)。

1870 年代,經濟資料中的週期性研究繼續發展,包括英國的 W. Staley Jeavons 與美國俄亥俄州的農夫 Samuel Benner,他們各自比較本國經濟資料與太陽黑子之間的關係。1875 年,Benner 出版目前非常著名的 *Benner's Prophecies of Future Ups and Downs in Prices*,其中包括一份 1895 年之前經濟變動的圖形(請參考圖 16.3)。他宣稱這些循環都是來自於太陽的活動。大約在相同的期間,Clement Juglar 發現利率與經濟的 10~12 年循環;後來,這個循環以他的名字命名。

Rothchilds 家族秘密地運用循環方法累積大量的財富,直到相關的謠言在 1912 年傳到紐約為止。一群投資者聘請數學家研究傳言中的循環,並複製 Rothchilds 家族的公式而大量進行投資。1923 年,兩位經濟學家(Crum 與 Kitchin 教授)發現經濟資料中的 40 個月循環。雖然 Rothchilds 家族早在一個

圖 16.3
Benner 預測的經濟循環

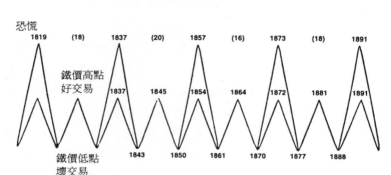

世紀之前就已經運用這個循環，但它還是被稱為「季辛循環」（Kitchin cycle）。

可是，一直到 19 世紀末與 20 世紀初，時間序列分析與統計理論充分發展之後，循環研究才開始出現真正的進展。後文將討論其中的某些重要分析技巧，包括：週期表（periodogram）、調和分析（harmonic analysis）與頻譜分析（spectral analysis）。

1930 年代，Benner 的圖形出現兩份匿名的版本，顯著提昇投資大眾對於循環的熱衷程度，這兩份圖形與 Benner 的關係究竟如何，現在已經不得而知。這兩個版本據說最初都是出現在美國賓州，一在 Connellsville，一在費城。Connellsville 的圖形後來稱為「酒廠」圖形（Distillery chart），因為它是在 Overholt Distilling Company 被發現。費城版本的圖形刊登於

1933 年 2 月 2 日的《華爾街日報》，標題是「先前世代的預測」
（The Forecast of an Earlier Generation）。這份圖形立即獲致盛
名，因爲據說它精確預測「經濟大恐慌」。可是，刊登在《華
爾街日報》上的 Benner 原始圖形顯然經過修正，使得恐慌性
的高點可以對應 1929 年的峰位，而不是圖形中最初的 1926 年。

循環的基本概念

資料的性質

　　任何的資料數列都可以被分解爲三個成份：(1)成長因
子，(2) 週期因子，(3)隨機因子（參考圖 16.4）。循環分析是
希望尋找資料中重覆發生的週期性型態[1]。

　　成長因子是指時間數列僅因爲時間經過而增加或減少的
傾向，通常稱爲趨勢。隨機因子是造成資料呈現不規則波動的
影響；根據定義，這些因子不可預測。循環分析者將資料中的
趨勢抽離，藉以剔除成長因子的影響，然後將資料平滑化，藉
以剔除隨機因子的影響，最後尋找資料中的週期型態。

---

[1] 「循環」（cycle）是源自於希臘文中的「週而復始」（circle），它代表事件
的完整程序，其中並沒有涉及時間上的週期性。可是，循環分析家主要是關
心具有週期性的循環；換言之，具有時間規律性的循環。

圖 16.4

資料的主要成份

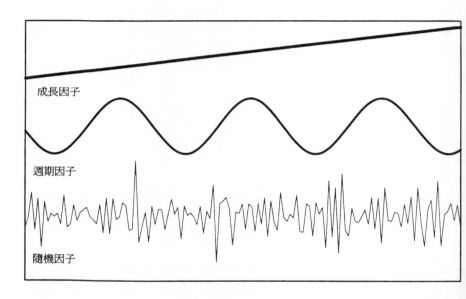

成長因子

週期因子

隨機因子

循環模型

　　本世紀之初，循環分析者採用數學方式（科學模型）來界定循環。循環被表示為正弦函數（sine）的波浪，並採用物理學與統計學的術語。因此，就如同電磁波一樣，有所謂的「頻率」（frequency）、「振幅」（amplitude）與「相位」（phase）。由於循環研究普遍採用這些術語，所以讓我們首先界定它們（與其他相關術語）的意義。

週期與頻率

　　循環的長度稱爲「週期」（period），這是指峰位（crest）到峰位或谷底（trough）到谷底之間的時間長度（請參考圖 16.5）。「頻率」（frequency）是指某特定資料期間內的循環發生次數，它與週期是呈現反向的關連：

　　　　頻率 = 資料期間（時間長度）÷ 週期

　　舉例來說，假定某數列包含 200 個資料點，循環的週期是 20，頻率將是 10（=200/20）。就循環分析的兩種主要數學方法——調和分析與頻譜分析——來說，前者是以週期爲準，後者是以頻率爲準。

相位、峰位與谷底

　　「相位」（phase）是指波浪上某一點的時間位置。「峰位」（crest）是循環的高點，「谷底」（trough）是循環的低點（參考圖 16.5）。某循環的相位通常是定義爲該循環峰位的位置。舉例來說，某循環的週期是 10 個資料點，相位是 3，資料中的第一個峰位是第三個資料點，隨後的峰位相隔 10 個資料點而發生在：第 3、第 13、第 23、第 33、第 43…個資料點。

圖 16.5

理想的循環

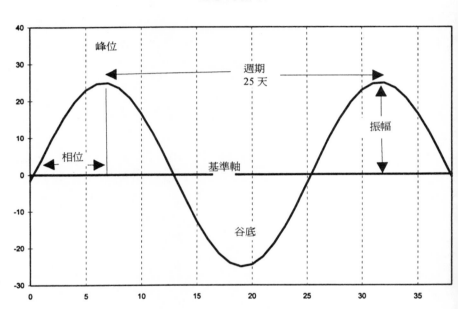

振幅與基準軸

「振幅」（amplitude）是指循環波動的強度；換言之，循環波浪位在基準軸之上或之下的高度或深度。「基準軸」（axis）是循環波動圍繞的直線。循環分析所衡量的振幅是指峰位到基準軸之間的距離（參考圖 16.5）。基準軸經常稱為循環的「曲折點」（inflection point）。

循環分析的八個步驟

　　針對一組資料進行完整的循環分析，需要採取下列的步驟：

1. 挑選資料
2. 透過目視方法觀察資料
3. 將資料轉換為對數的格式（抽離趨勢的最初步驟）
4. 平滑資料
5. 尋找可能的循環
6. 透過移動平均的偏離而完全抽離趨勢
7. 檢定循環的統計顯著性與重要性
8. 結合與預測未來的循環

第 1 步驟：挑選資料

　　如何選擇循環分析的資料，這並不是瑣碎的問題。不同的資料——例如：期貨與現貨，永續契約與連續契約，日線與週線資料——將產生不同的結果。另外，採用 1,000 個資料點，分析的結果可能顯著不同於 5,000 個資料點。所以，分析者必須謹慎選擇資料，否則結果可能出現瑕疵。關於資料的選擇，這又可以分為四個步驟：

A. 瞭解資料的性質
B. 選擇資料的類型
C. 選擇資料的長度
D. 選擇資料的壓縮格式

瞭解資料的性質. 隨著時間的經過，資料數列的性質可能發生重大的變化，分析者務必熟悉這類的變化。原油市場就是一個典型的例子。原油的價格資料可以回溯到 1859 年賓州 Titusville 第一口油井開發的時代。在 19 世紀，原油主要是提煉為照明用的煤油，潤滑劑是次要的產品。可是，自從「模型 T」與內燃機發明之後，原油主要是提煉為汽油。因此，1900 年之前與之後的原油價格型態截然不同。在汽車普遍化之前，原油的主要用途是照明，其價格類似於公用事業股票而不是能源類股。所以，價格資料雖然可以回溯到 1859 年，但原油在本世紀以來所扮演的經濟角色顯然發生重大變化，它的循環當然也不同

資料性質的重大變化，雖然主要是發生在極長期的循環中，但也未必完全是如此。舉例來說，由於近 20 多年來氣候與政治的重大影響，黃豆價格的循環就發生顯著的變化。1970 年代末期，聖嬰現象導致魚類大量死亡，使得鰮魚產量顯著減少，黃豆成為蛋白質的主要替代品。這種替代一旦發生之後，就很難再改變。

大約在同一個期間，南美洲的黃豆生產呈現明顯的成長趨勢，這最初是受到卡特總統對於蘇聯禁運的影響。過去 20 年以來，南美黃豆產量大約增加一倍，但美國的產量則維持不變。南美的生產季節恰好與美國相反：南半球的播種期間是我們的秋天，收成是我們的春天。由於前述的需求變動與此處討論的生產變動，黃豆價格的循環近 20 年來發生重大的變化。

　　總之，循環分析中運用的資料必須具有同質性。如果資料的性質發生變化，循環大概也會發生變動。

　　選擇資料的類型. 　所選擇的資料類型應該反映市場實際的價格變動，不應該納入契約展延或平滑技巧所造成的扭曲現象。對於期貨交易者來說，最好採用連續期貨，這可以消除契約展延的價格跳動。（請參考第 12 章與 19 章中有關連續期貨的說明，以及本節討論的其他價格數列類型。）可是，請注意，採用連續期貨可能會造成歷史價格成為負數。如果發生這種情況，所有的資料都必須加上一個常數而消除負數（所有的資料都加上一個常數將不會影響分析的結果），如此才能夠將資料轉換為對數的格式，後者是循環分析中抽離趨勢的一個正常步驟，請參考後文。

　　最近期貨是循環分析中最不應該採用的資料——事實上，根本不應該採用——因為這會造成契約展延過程中的價格跳動。如果利率水準不很高，循環分析中有時候可以採用現貨價格。（利率會影響持有成本與價格水準；因此，利率偏高將造成現貨價格與期貨價格之間的基差擴大，類似如 1970 年代末期與 1980 年代初期的情況。）永續期貨的問題相對小於最近期貨，但還是會造成一組不曾發生的價格數列，所以它的適用性還是不如連續期貨，後者則可以充分反映市場的實際價格，請參考第 12 章的說明。

　　選擇資料的長度. 　循環分析的大多數技巧都會遭遇資料點太少或太多的問題。如果資料點太少，所提供的重覆性將不足

以有效評估大多數的循環。原則上來說，資料點至少需要提供 10 個重覆的循環（最好是 15 個），如此才能透過統計方法來檢定循環的有效性。因此，如果我們希望尋找 100 天的循環，至少需要 1,000 天的資料點。事實上，不論所考慮的循環週期如何，至少都需要 200 個資料點，因為大多數的數學演算法都不能有效處理更少的資料點。

可是，在循環分析中，愈多不見得愈好。資料點太多（舉例來說，超過 5,000 個資料點）通常會使循環模糊，導致統計檢定剔除某些重要的循環。大體上來說，資料點沒有必要超過 2,000 個，而且不應該超過 5,000 個（增加資料點不能提高效益，乃至於產生反效果的界限，大約位在 2,000 與 5,000 個資料點之間）。

根據經驗顯示，第一次的分析可以採用 2,000 個資料點，第二次分析大約採用 1,000 個資料點，藉以提昇循環的時效性。就這個準則來說，我們所嘗試尋找的循環，每個週期都不應該涵蓋 100 個以上的資料點，否則 1,000 個資料點將不足以提供 10 個重覆的循環。如果希望尋找更長期的循環，資料需要經過壓縮。

選擇資料的壓縮格式.　一般來說，市場資料是表示為某時間單位的期間，例如 N 分鐘（例如：5 分鐘、15 分鐘、30 分鐘、60 分鐘或 90 分鐘）、天、週、月、季或年的期間。在這些期間內的所有價格跳動都會被壓縮為單一的數值，通常是該期間的平均值或收盤價。就這個角度來說，每一種期間長度的

資料都經過某種程度的壓縮。五分鐘的期間代表較低的壓縮，年的期間代表高度的壓縮。對於任何特定的期間長度而言，所有的壓縮都會使較短期間的價格變動受到平滑的效果，因為更短期的價格變動都匯整為該期間的單一數值。

循環分析需要選擇適當的壓縮程度。這方面的選擇有兩個基本原則：如果某個循環的發生次數超過 250 次，資料應該採用更大的壓縮（舉例來說，以每天的資料取代小時的資料）。在另一方面，如果循環的發生次數低於 15 次，資料應該採用較小的壓縮（舉例來說，以每天的資料取代每週的資料）。以下討論各種主要壓縮格式的特性與缺點：

1. 盤中的資料. 雖然盤中價格也可能存在重要的循環，但壓縮程度小於「天」經常發生兩個問題。第一，這類的壓縮包含太多的隨機雜音。（大體上來說，如果壓縮程度小於 30 分鐘，隨機性質通常都太高。）第二，如同前述的討論，資料點的個數最好維持在 2,000 個以下，否則可能錯失重要的循環。可是，很多數列經常適用一小時或更長的期間，分析者有必要嘗試這類期間的數列。一般而言，如果每天的平均成交量愈高，盤中價格愈可能存在重要的循環。

2. 天的資料. 每天的資料非常適用於循環分析。實務上，所分析的循環週期長度最少為五天，因為更少的資料點將很難過濾隨機雜音。週期長度的上限是資料涵蓋期間的十分之一，因為更長的時間單位將導致循環頻率過低，不足以利用統計方法檢定循環的有效性。

如何處理假日，這是採用每天資料的最大難題。基本上

有三種可能的處理辦法：(1)重覆前一個資料點；(2)向內插補遺失的資料點；(3)不理會假日。雖然沒有絕對正確的處理方式，但根據經驗顯示，我們偏好重覆資料點。

3. 週的資料. 除了盤中資料之外，每週資料是最有問題的格式，因為它們遲早會與任何的季節性型態脫節。我們知道，期貨價格的變動非常受到季節的影響，所以這個問題特別嚴重。事實上，很多短期與中期的循環都是屬於季節性的循環。因為一個月不恰好等於四個星期，一年不恰好等於 52 個星期，週的資料一定會與季節性變動相互脫節。每週資料的最大價值，是允許我們辨識較長期而不適合採用每天資料的循環。合理的做法可能是採用週的資料分析較長期的循環，然後將循環轉換為天或月的時間單位，如此才不會與資料中的季節性型態脫節。另外，如同天的資料一樣，循環的最低週期長度為五個星期，上限是資料涵蓋期間的十分之一。

4. 月的資料. 如同每天的資料一樣，月份資料非常適用於循環分析。月份資料沒有隨機雜音的問題，因為數據經過高度的平滑（壓縮）。另外，這也絕對配合期貨資料中的季節性趨勢。月份資料適合尋找 5 個月期到 350 個月期的循環。（期貨的資料不能回溯到 300 年前，所以 350 個月的循環週期顯然超過資料涵蓋期間的十分之一；此處採用比較寬鬆的條件，主要是因為月份資料經過高度的平滑。）

5. 季與年的資料. 就期貨的資料來說，如此長期的壓縮通常不能提供足夠的資料點。可是，對於某些市場而言，現貨價格數列所涵蓋的期間往往足以進行這類的分析。一般來說，年的資料優於季的資料。對於如此長期的壓縮，分析者將被迫

採用銜接的資料。舉例來說,小麥的價格可以回溯到 1259 年。年度的小麥價格將銜接四組不同的資料數列,包括最早的英國小麥價格,以及三組不同的美國價格,各自反映當時最普遍的小麥品種(舉例來說,硬紅小麥相對於軟紅小麥)。銜接價格至少需要有 10 年的重疊資料,驗證兩組數列之間的吻合性,然後根據最近的數列將歷史資料常態化。

第 2 步驟:透過目視方法觀察資料

目前,大多數的循環分析都是透過電腦來進行,所以在分析新的價格數列之前,經常沒有實際觀察價格的圖形。實際觀察圖形是一個必要的步驟,具備下列的重要功能:

1. **辨識不佳的資料點**. 任何的資料都免不了有一些錯誤。嚴重的錯誤可能破壞循環分析的結論。實際觀察圖形中的資料,很容易發現任何明顯的離群值,藉以進一步核對資料的正確性。

2. **辨識極端的價格資料**. 黃金與白銀發生在 1980 年的峰位,以及股票市場在 1987 年 10 月 19 日發生的崩盤,這都是屬於極端的價格資料。這類極端偏頗的價格走勢可能扭曲循環分析,使我們很難發現涵蓋該期間的循環。在這種情況下,最佳的處理方式是將資料分為兩部分,各自分析極端事件之前與之後的資料。然後,透過統計方法檢定這兩組資料中的循環,挑選其中可靠性較高者。

3. **評估趨勢**. 實際觀察圖形，很容易察覺資料中是否存在趨勢，並評估趨勢的強度。這方面的資訊有助於決定資料是否需要抽離趨勢，並挑選最適當的趨勢抽離方法。

4. **估計價格波動的平均長度**. 肉眼的觀察往往勝過循環的演算法。如果肉眼不能察覺價格的波動韻律，就可能不是重要的循環。我們可以衡量谷底到谷底之間的距離，藉以估計循環。

第 3 步驟：將資料轉換為對數的格式[2]

循環分析的所有數學演算都假定靜態（ static ）的資料數列；換言之，不存在趨勢的數列。所以，套用這些數學演算法之前，需要抽離資料的趨勢。完全抽離期貨價格的趨勢，通常涉及兩個步驟：(1)將資料轉換為對數的格式，(2)將平滑後的對數值轉換為移動平均的偏離。基於某些理由（稍後將說明），這兩個步驟不能連續進行。本節將說明前述的第一步驟。

如果將未經過調整的價格數列繪製為圖形，某固定百分

---

[2] 這部分的說明是擔心讀者忘掉高中的數學。某數的對數值是對數底（對數底通常是 10 或 e = 2.718 ）的幾次方等於該數值。舉例來說（假定對數的底是 10），

如果 $y = \log x$，則 $x = 10^y$

我們可以透過計算機或對數表來查閱對數值。

率的價格變動,將因為價格愈高而有愈大的垂直距離,這是非常不理想的性質,可能導致嚴重的扭曲,尤其是數列中存在偏高的趨勢因子。當資料轉換為對數的格式之後(換言之,取資料的對數值),不論價格水準如何,固定百分率的變動將對應圖形中的相同垂直距離[3]。

圖 16.6 可以說明這種性質,其中包括道瓊工業指數的原始資料與對數格式走勢圖,涵蓋期間由 1900 年到 1995 年初。在原始資料的走勢圖中,對於任何特定的百分率變動,價格愈高,對應的垂直距離就愈大(所以後期的讀數會呈現加速的成長),但在對數格式的走勢圖中,不論價格水準如何,任何固定百分率的變動都對應相同的垂直距離。舉例來說,指數 4000 點的 10%是 400 點,指數 100 點的 10%是 10 點;在對數的格式中,這兩個指數價格的 10%都對應圖形中的相同距離。

即使我們採用其他抽離趨勢的方法(例如:取移動平均的偏離程度),資料首先都必須取對數的格式。道理很簡單,因為對數的格式可以將價格變動百分率常態化,這是價格數列應該具有的性質,即使資料中不存在趨勢也是如此。如果不取對數值,對於任何特定的百分率變動,較高價位的對應距離將

---

[3] 這可以透過數學方式來說明:

如果某數據 x 乘以另一個數據 k,它的變動量是$(k - 1)x$

x 的變動量 $= kx - x = (k-1)x$

所以,x 愈大,變動量愈大。

可是,取對數值之後,不論 x 多大,變動量都固定:

$\log x$ 的變動量 $= \log kx - \log x = \log k + \log x - \log x = \log k$

圖 16.6
對數格式對於資料的影響

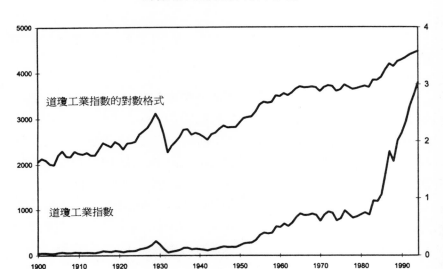

大於較低價位。因此，這會扭曲循環在不同價位上的相對振幅。
舉例來說，如果股價指數抽離趨勢而不取對數值，基準軸兩側
的波動將隨著時間經過（股價上漲）而愈來愈大。

在本章的討論中，我們假定循環分析是套用在期貨的價
格數列上。可是，如果循環分析是套用在具有明顯趨勢成份的
經濟數列上（例如：消費者物價指數），對數的轉換將不足以
做為抽離趨勢的最初步驟。這類的數列應該採用下列兩種方法
之一來抽離趨勢：變動率或第一階差。

變動率（rate of change）是以目前的資料點除以先前某特定期間的資料點。就月份的經濟資料來說，先前某特定期間的資料點，通常是定義爲 12 個月之前的資料。所以，12 個月期的 ROC 實際上就是年度的百分率變動。第一階差（first differences）是將每個資料點減去前一個資料點的差值。第一階差是非常罕用，因爲這會造成變動劇烈的資料系列。前述討論的對數轉換可以配合採用移動平均的偏離（稍後討論），但不能配合變動率與第一階差的方法。

第 4 步驟：平滑資料

藉由平滑消除資料誤差. 唯有當資料中存在誤差時，才需要採用這種型態的平滑，如果資料沒有問題，就沒有必要採用。處理誤差資料的最佳平滑技巧是 Tukey 的三點平滑法，這是將原始資料轉換爲三點的移動中位數——取連續三點的中位數而剔除較高與較低的數據。因此，如果資料中存在任何離群值，它們都會被剔除。當然，透過這種方法，任何有效的離群值都會被視爲誤差而剔除。如果可能的話，最好還是修正資料，儘可能避免採用這種平滑方法。

藉由平滑消除隨機的波動. 如同前述的說明，資料數列可以分解爲三個基本成份：趨勢、循環與隨機波動。因此，如果希望找尋循環，需要剔除資料中的趨勢與隨機波動。如果原始資料中的趨勢與隨機波動都被剔除，剩餘的部分就是循環。前文中已經討論趨勢的抽離（雖然最後還需要計算移動平均的偏

離），這裡將討論隨機波動的部分。

計算資料的短期置中移動平均，可以消除（或至少是減緩）隨機波動。此處所考慮的移動平均不同於技術分析或交易系統中所採用的方法，後者所計算的移動平均值是置於最後一個資料點（第 17 章將詳細討論這類的移動平均），循環分析是採用置中的移動平均，這種類型的平均值是置於移動平均期間的中點。舉例來說，如果計算 11 天期的置中移動平均，這相當於是計算某天與先前 5 天和隨後 5 天的平均值；換言之，平均值是置於第 6 天。置中的移動平均必定是採用奇數的期間長度。原始數列兩端將失去一部分的資料點，相當於是移動平均期間長度減一之後的一半*。讓我們舉例說明 3 天期的置中移動平均[4]：

原始資料	134.50	141.20	132.40	138.90
資料的對數值	2.1287	2.1498	2.1219	2.1427
置中移動平均的計算				
(2.1287+2.1498+2.1219) / 3				
(2.1498+2.1219+2.1427) / 3				
置中移動平均		2.1335	2.1381	

採用這類的平滑程序時，移動平均的期間長度必須小於

---

* 譯按：就 11 天期的移動平均來說，數列的兩端將各損失 5 個資料點，$(11-1) \div 2 = 5$。

[4] 此處是計算原始資料對數值的置中移動平均，因為資料數列先經過對數轉換的步驟。

所考慮的最短循環週期。理由：如果移動平均的長度大於所考慮的任何循環，原始循環將會倒置。這個問題請參考隨後討論的移動平均偏離。

第 5 步驟：尋找可能的循環

透過目視方法尋找循環. 尋找循環的最簡單方法，或許是計算資料數列高點之間與低點之間的時間距離。這正是第 19 世紀循環研究者（例如：Samuel Benner）所採用的方法。這種方法的最大問題是過程繁瑣。比較簡單的方法是利用一把尺來衡量圖形中高點之間與低點之間的距離。Erlich 的循環檢視器（cycle finder）可以簡化這個程序，這是一種類似於手風琴的工具，上面有九個點，經過伸縮而把這些點對齊循環的主要高點或低點。目視方法的問題是不能透過統計方法檢定循環。另外，如果不透過標準的數學方法，不同的循環也很難結合。

週期表. 週期表（periodogram）是最著名與最重要的一種循環研究工具，最初是由 Schuster 在 1898 年提出。週期表是透過表格方式分析資料，藉以辨識循環。首先將既有的資料按照編年順序分為數欄，欄數等於所希望尋找的循環週期長度。對於每個週期長度都需要分別編列表格。舉例來說，如果我們有 135 個的年度資料，希望檢視 9 年期的循環，這需要編製一份 9 欄 / 15 列的表格。第一個資料點擺在「列 1 / 欄 1」的位置；第二個資料點擺在「列 1 / 欄 2」的位置；第九個資料點擺在「列 1 / 欄 9」的位置；第十個資料點擺在「列 2 / 欄 1」

的位置。依此方式編列，直到第 135 個資料點擺在「列 15 / 欄 9」的位置。然後，計算每欄的平均數。如果資料中存在 9 年期的循環，則「欄平均值」中的某一欄應該出現顯著的峰位，另一欄應該出現顯著的谷底。（如果沒有 9 年期的循環，欄平均值應該相當類似，除非資料中還存在趨勢成份。）

表 16.1 是週期表的範例，採用 1850~1989 期間的玉米年度價格對數值。（這些對數值都分別乘以 1,000，藉以消除小數點，使得資料更清晰。所有的資料都乘以一個常數，這不會影響循環分析。）圖 16.7 是「列平均值」的圖形，如果資料中完全抽離趨勢，列平均值的圖形將相對平坦。圖中的曲線大體向上傾斜，這是因為對數轉換並沒有完全抽離趨勢。

圖 16.8 顯示欄平均值的圖形，第八欄出現顯著的峰位，第二欄出現顯著的谷底，代表資料中可能存在九年期的循環[5]。在另一方面，如果欄平均數的圖形相對平坦，就可以排除九年期循環的可能性。舉例來說，在圖 16.9 中，除了圖 16.8 的九欄平均值圖形之外，還繪製八欄週期表欄平均值的圖形。我們發現，八欄圖形的變異程度遠低於九欄的圖形，這意味著我們可以排除資料中存在八年期循環的可能性。

週期表的主要優點是提供一種簡單的方法，藉以辨識資

---

[5] 精明的讀者可能會提出一項質疑，谷底發生在偏低的欄數（2）而峰位發生在偏高的欄數（8），這難道不會是資料中剩餘趨勢造成的結果嗎？當然，如果存在趨勢，將會使較高欄數發生較高讀數的偏頗，但資料中的趨勢並不足以完全解釋這份九欄週期表中存在的變異程度。當我們稍後考慮八欄的週期表，這一點將很清楚。

表 16.1
週期圖：範例

欄／列	1	2	3	4	5	6	7	8	9	列平均值
1	1,571	1,571	1,606	1,619	1,690	1,765	1,585	1,669	1,667	1,638.11
2	1,800	1,610	1,394	1,443	1,766	2,037	1,796	1,753	1,946	1,727.22
3	1,918	1,826	1,847	1,684	1,577	1,559	1,811	1,793	1,644	1,739.89
4	1,645	1,568	1,541	1,570	1,690	1,822	1,723	1,705	1,626	1,654.44
5	1,560	1,589	1,664	1,524	1,587	1,759	1,645	1,593	1,626	1,616.33
6	1,596	1,406	1,397	1,489	1,517	1,567	1,677	1,765	1,655	1,563.22
7	1,680	1,685	1,651	1,715	1,825	1,817	1,754	1,753	1,822	1,744.67
8	1,780	1,834	1,855	1,907	2,213	2,200	2,195	2,146	1,745	1,986.11
9	1,784	1,905	1,975	2,006	1,866	1,929	1,983	1,963	1,907	1,924.22
10	1,706	1,477	1,593	1,805	1,903	1,915	2,006	1,729	1,692	1,758.44
11	1,793	1,841	1,913	2,018	2,050	2,060	2,183	2,305	2,301	2,051.56
12	2,111	2,163	2,246	2,241	2,187	2,190	2,134	2,144	2,098	2,168.22
13	2,082	2,072	2,048	2,038	2,037	2,085	2,083	2,099	2,121	2,073.89
14	2,097	2,039	2,075	2,125	2,135	2,106	2,333	2,501	2,459	2,207.78
15	2,430	2,345	2,363	2,421	2,478	2,499	2,398	2,507	2,510	2,439.00
欄平均值	1,836.9	1,795.4	1,811.2	1,840.3	1,901.4	1,954.0	1,953.7	1,961.7	1,921.3	

圖 16.7
玉米年度資料九欄週期表的列平均值

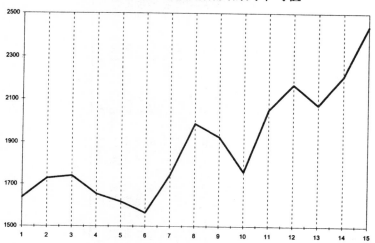

圖 16.8
玉米年度資料九欄週期表的欄平均值

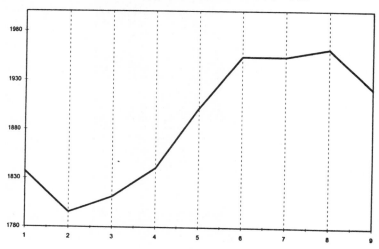

圖 16.9
比較：八欄與九欄週期表的欄平均值

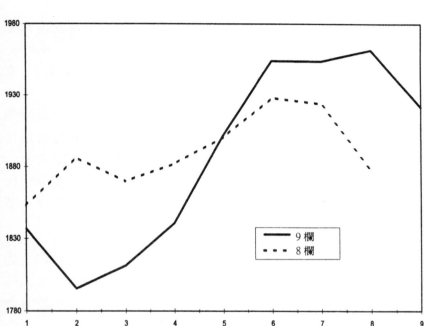

料中所有潛在的循環。這種方法的主要缺點是不能判斷各種循環的統計顯著性（這也是目視法的問題）。換言之，欄平均值之間總是會存在某種程度的變異性。可是，我們如何判斷變異性具有統計上的意義呢？就前述的玉米範例來說，我們透過直覺知道八欄週期的變異程度不具有意義，但如何判斷九欄週期的變異性就具有統計上的顯著性，它所顯示的變異程度或許還在「純屬巧合」的合理範圍內？調和分析（harmonic analysis）

可以利用週期表為基礎，透過統計方法檢定循環的顯著性。本章稍後將討論統計檢定的問題。

富利葉級數. 循環分析中的所有數學演算幾乎都採用富利葉級數（Fourier series），這是由正弦（sines）與餘弦（cosines）函數構成的級數。三角函數特別適用於套入波浪（循環）。富利葉級數在循環分析的運用上有兩種基本類型：頻譜分析（spectral analysis）與調和分析（harmonic analysis）。這兩種方法在理論上存在差異，頻譜分析是採用頻率，調和分析是採用週期。（如同前述的說明，頻率與週期之間存在倒數的關係。）這兩種方法在實務運用上也存在一個重大的差異，頻譜分析比較適合用來尋找可能的循環，調和分析比較適合用來檢定循環。

頻譜分析. 由於相關的計算非常複雜，頻譜分析基本上都是採用電腦軟體（例如：「循環研究基金會」[Foundation for the Study of Cycles]所提供者）。頻譜分析是衡量每一特定頻率的循環強度。根據前文中的說明，檢定循環的統計有效性至少需要循環的 10 個重覆波動（換言之，頻率至少為 10）。頻率的高限是資料點除以 5，因為循環的週期至少為 5 個資料點的時間長度（參考前文中的說明）。（請注意，頻率是資料點個數除以週期。）因此，如果總共有 1,000 個資料點，進行頻譜分析的頻率是介於 10（資料點的 10%）與 200（1,000÷5）之間，相當於週期是介於 100 與 5 之間。

頻譜分析的結果是**功率譜**（power spectrum），顯示頻率分

圖 16.10

玉米月份價格 2,000 個資料點的功率譜

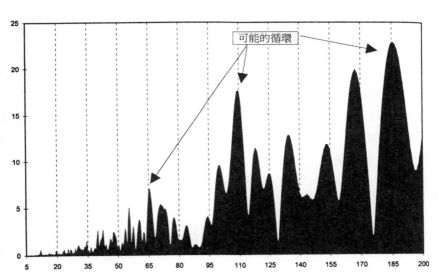

析區間內每個頻率的讀數。如果某個頻率的讀數很高，意味著
資料中具有該頻率的循環格式。如果某個頻率的讀數很低，意
味著該頻率的循環接近於水平的直線。

圖 16.10 顯示 167 年玉米月份資料（2,000 個資料點）的
功率譜。由於總共有 2,000 個資料點，分析的頻率區間是介於
10（一般的最低頻率）與 400（資料點個數除以 5）之間。為
了方便於解釋，圖形中的橫軸是代表週期；換言之，把 10~400
的頻率區間轉換為對等的循環長度 5~200（5=2,000÷400，
200=2,000÷10）。請注意，偏高的讀數傾向於集中在某循環長

度附近。每個偏高讀數集中區的峰位代表可能的循環。圖 16.10
中總共有三個相對峰位的可能循環。我們說「可能」是希望強
調一點，此處還需要透過統計方法檢定循環的長度，藉以判定
它們是否代表真正的循環。本章稍後會討論功率譜的統計檢定
方法。

如果僅抽離資料中的部分趨勢而進行頻譜分析（換言之，
對數格式的資料），雖然可以正確界定可能循環的相位，但循
環的振幅將因爲資料中的剩餘趨勢而受到扭曲。這種振幅的扭
曲將嚴重影響統計顯著性的檢定。所以，檢定循環的統計顯著
性之前，需要將資料中的趨勢成分完全抽離。

第 6 步驟：透過移動平均的偏離而完全抽離趨勢

將原始資料轉換爲對數格式（第 3 步驟），僅能夠抽離一
部分的趨勢，任何剩餘的趨勢都可能嚴重扭曲統計可靠性的檢
定。求取移動平均的偏離，這是完全抽離趨勢的最好方法。偏
離是指資料偏離移動平均的程度；換言之，將資料減去移動平
均，差值即是偏離的程度。由於移動平均是反映資料中的趨勢，
所以偏離是代表抽離趨勢之後的數列（參考圖 16.11）。

將原始資料（對數格式）減去置中的移動平均，結果是
代表偏離（departures）或殘值（residuals）的時間數列。對於
每個循環（換言之，頻譜分析所認定的每個可能循環），都需
要分別取得偏離的數列。在下列的範例中，我們將繼續引用先

圖 16.11

抽離資料中的趨勢而取得偏離

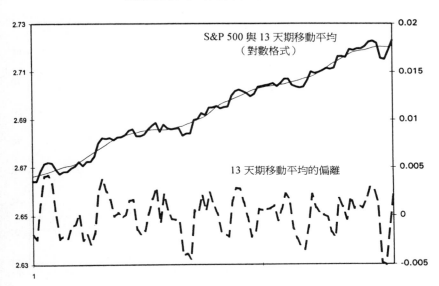

前講解置中移動平均的例子，藉以說明偏離數列的計算方法：

原始資料	134.50	141.20	132.40	138.90
資料的對數值	2.1287	2.1498	2.1219	2.1427
置中移動平均		2.1335	2.1381	
偏離（殘值）		0.0163	–0.0162	

　　移動平均的偏離方法在運用上必須非常小心，這是因為移動平均對於週期性資料所構成的影響。圖 16.12 可以說明移動平均對於 25 天期完美循環的影響：如果移動平均的期間長

圖 16.12
移動平均對於循環振幅與相位的影響

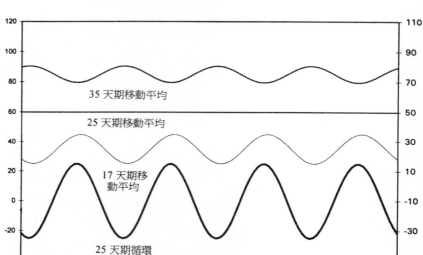

度小於主要的週期長度，循環的振幅將減小；如果移動平均的
期間長度恰好等於週期長度，循環將被拉成為一條直線；如果
移動平均的期間長度大於主要的週期長度，循環的相位將顛倒
（譯按：峰位變谷底，谷底變峰位），振幅將減小。（所以，前
文中討論的資料平滑程序，它們所採用的移動平均長度必須小
於最短的循環。）

如果移動平均的期間長度恰好等於循環的週期，移動平
均的程序將把資料中的循環移除；所以，原始數列減去這種移
動平均將僅留下循環。可是，如果移動平均的長度顯然超過循

環的週期，循環雖然不會被移除，但會被**轉換**。如果原始數列減去這種移動平均，將不能提供精確的循環。因此，當我們希望抽離資料中的趨勢而計算偏離時，務必要採用相當於循環週期的移動平均。這也是為什麼我們首先必須找到循環（透過頻譜分析），然後再進行這個步驟的抽離趨勢。如果我們不知道可能循環的週期長度，就不知道採用什麼長度的移動平均來計算偏離。

第 7 步驟：檢定循環的統計顯著性

統計檢定的必要性.　一旦找到循環，而且資料中的趨勢完全被抽離之後，分析者應該採用各種統計方法評估循環。這個步驟之所以非常重要，因為肉眼觀察的循環經常不足以為憑，需要透過客觀的統計檢定。循環分析經常運用三種重要的檢定：巴氏檢定(Bartels test)、F 比率與卡方檢定(chi-square test)。就這三種循環有效性的檢定方法來說，巴氏檢定最有意義而可靠。

統計檢定結果解釋上的一般性考量.　這些統計檢定解釋上與運用上有幾點值得注意之處：

1.　循環分析中所採用的統計方法都會因為資料中的趨勢而產生偏頗，低估循環的顯著性。所以，進行檢定之前，必須先完全抽離趨勢。

2.　這些檢定的顯著水準將取決於資料中循環的發生頻

率。因此，假定其他條件不變，循環的週期愈短或頻率愈高，統計檢定的結果愈理想。大體上來說，如果循環的頻率少於 10，統計檢定通常都不會顯示足夠的顯著性。可是，根據前文中的說明，我們將避免尋找頻率低於 10 的對應週期循環。

3. 檢定所提供的統計值是對應發生的機率。統計值愈大，機率愈低——換言之，該循環純屬巧合的機率很低，或該循環是屬於真正循環的機率很高。為了避免混淆，分析者必須知道電腦軟體所提供的數據是檢定的統計值或機率。就前者來說，機率必須查閱相關檢定的統計表。過去，檢定的結果都僅提供統計值，因為計算機率的過程相當繁瑣。可是，由於電腦科技的進步，現在的軟體已經能夠直接計算機率。因此，許多循環分析的電腦軟體現在都提供機率的數據，允許直接的解釋。

4. 一般來說，如果循環的機率超過 0.05（5%，譯按：顯著水準），就應該拒絕。（機率 0.05 代表循環有 5% 的可能性來自於隨機事件。）最佳循環的機率經常是 0.0001 或更低（換言之，純屬巧合的機率等於或低於 0.01%）。

5. 請注意，統計檢定的機率偏低，僅代表該循環可能不是偶發現象；這並不保證該循環的真實性（換言之，沒有理由懷疑，但也不保證）。純粹由隨機方式產生的數列，統計檢定偶爾也會認定為「顯著的」循環。所以，統計檢定僅具有參考價值，而不能視為毫無問

題的絕對真理。

　　循環分析中最重要的巴氏檢定需要採用調和分析。以下簡單介紹相關的程序。

　　調和分析.　就如同頻譜分析一樣，由於相關的計算非常複雜，調和分析通常也是透過電腦軟體進行。調和分析是以三角函數的曲線來套入週期表中的欄平均值。舉例來說，在圖 16.13 中，虛線部分是圖 16.8 中玉米年度價格九欄週期表中的欄平均值曲線，實線部分是透過調和分析而推演的套入曲線（fitted curve）。唯有決定可能循環的週期之後，才可以進行調和分析，所以首先必須從事頻譜分析來辨識循環的長度。調和分析所推演的套入曲線，將做為循環可靠性統計檢定的對象，巴氏檢定是循環分析中最重要的統計檢定方法。大體上來說，調和分析套入曲線與週期圖欄平均值曲線之間吻合程度愈高，統計的可靠性也愈高。

　　巴氏檢定.　巴氏檢定（Bartels test）是衡量價格數列與調和曲線之間的吻合程度，其中的調和曲線是指接受檢定的某特定循環長度所推演的套入曲線。巴氏檢定將評估套入曲線與資料循環每個轉折的套入吻合程度，衡量每個循環的振幅與該振幅偶然發生的機率。這個檢定同時衡量振幅（形式）與相位（時間）。如果振幅與時間都存在穩定性，循環真實性的數學衡量值最高（換言之，該循環出自於巧合的機率最低）。巴氏檢定是專門為資料中存在相關性的序列而設計（serially correlated data，每個資料點的數值會受到先前資料點的數值影響）。所

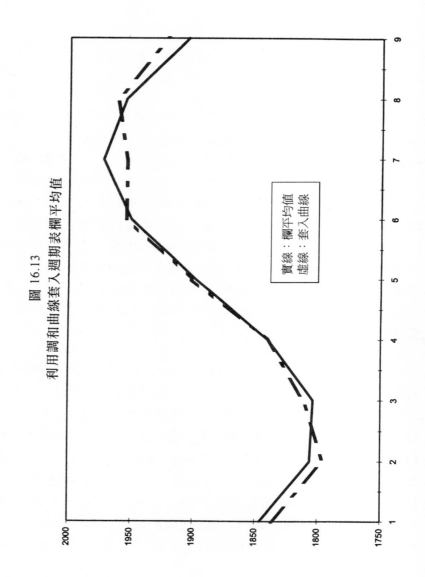

圖 16.13
利用調和曲線套入週表欄平均值

實線：欄平均值
虛線：套入曲線

以，巴氏檢定特別適用於檢定價格資料，因爲價格資料顯然具有序列相關性。

F 比率． 在統計學的一般運用中，F 比率是兩個變異數（variances）的比率。變異數是標準差（standard deviation）的平方，標準差是衡量資料的離散程度。如果一個數列中的資料點彼此離散得很嚴重，將有偏高的標準差與變異數。反之，如果數列的資料點很集中，標準差與變異數將偏低。

在循環分析中，F 比率是指週期表中的「欄平均值變異數」對「列平均值變異數」的比率。如果資料中不存在某週期長度的循環，週期表中的欄平均數不會呈現顯著的變異性（換言之，不會有顯著的峰位與谷底），例如：圖 16.9 中八欄週期表的欄平均值。在這種情況下，欄平均值的變異數應該不會顯著大於列平均值的變異數，這也代表 F 比率不會顯著大於 1.0。在另一方面，如果資料中存在某週期長度的循環，欄平均值的變異數應該會顯著大於列平均值的變異數（這當然是假定資料已經抽離趨勢），F 比率也會顯著大於 1.0。F 比率愈大，循環隨機產生的機率也愈小。

F 比率是一項非常理想的指標，可以顯示某個循環是否適用於交易。如果某個循環透過巴氏與卡方檢定（參考下文）而呈現高度的顯著性，但 F 比率偏低，這種循環的交易用途非常值得懷疑。F 比率對於趨勢特別敏感，因爲資料中的趨勢會顯著提高列平均值的變異數，並因此而降低 F 比率。所以，如果資料中的趨勢沒有完全抽離，F 比率可能顯示一個原本有

效的循環為無效。可是，如同前文中的說明，進行檢定的步驟
之前，資料必須完全抽離趨勢。

卡方檢定. 卡方檢定（chi-square test）是衡量循環相位（時
間性）的可靠性；換言之，循環準時出現高點與低點的傾向。
在卡方檢定中，每個循環相位（換言之，週期表的每一列）都
被劃分為七個相等的區間（或儲存格[bins]），理論性的循環峰
位對應中央的儲存格。然後，紀錄每個循環相位之實際峰位的
儲存格位置，計算每個儲存格發生循環峰位的次數。如果循環
具有一致性，很多峰位將落在中央的儲存格，其次是緊鄰的儲
存格，僅有少數的峰位遠離中央的儲存格。在這種情況下，每
個儲存格發生峰位次數的分配將很不平均，變異數（離散程度）
很大。反之，如果資料中不存在循環，每個儲存格發生峰位次
數的分配將很平均，變異數（離散程度）很小。如果前述變異
數相對大於隨機分配之變異數，卡方檢定將顯示循環很顯著；
換言之，循環隨機產生的機率很低。

摘要結論. 卡方檢定衡量循環相位(時間性)的可靠程度；
F 比率衡量循環振幅（形式）的可靠程度；巴氏檢定同時衡量
相位與振幅的可靠程度。對於有效的循環來說，這三種檢定都
應該呈現顯著性；換言之，每種檢定的機率都應該低於 0.05。

將前述三項檢定套用於圖 16.10 中玉米月份資料的功率
譜，結果列示於表 16.2 中。對於巴氏與 F 檢定來說，週期 65.7
個月與 109.5 個月的循環都有很高的顯著性，卡方檢定的顯著
性還算可以。可是，週期 186.5 個月的循環，僅有 F 比率的

表 16.2

頻譜峰位的檢定結果

（循環隨機發生的機率）

循環長度	巴氏檢定	卡方檢定	F 比率
65.7	0.0006	0.0514	0.0001
109.5	0.0019	0.0421	0.0011
186.5	0.1001	0.4485	0.0006

顯著性可以接受；事實上，就另外兩種檢定來說，幾乎談不上顯著性。可是，在功率譜中（參考圖 16.10），卻是以 186.5 個月的循環最凸顯。這個例子可以充分說明，如果資料中的*趨勢*沒有完全抽離，功率譜中的振幅讀數將受到嚴重的扭曲。（請注意，如果沒有功率譜，將無法完全抽離*趨勢*，因為抽離*趨勢*的最後步驟需要知道循環的長度。）可是，功率譜是一項必要的工具，藉以決定抽離趨勢的循環長度，然後進行檢定。

第 8 步驟：結合與預測循環

　　一旦發現主要的循環，並經過統計檢定的驗證，其次需要預測未來的循環（這部分還是假定採用套裝軟體進行循環分析）。習慣上，主要循環的圖形都列示在歷史價格走勢圖的下側，然後向未來延伸循環（請參考圖 16.14）。一般來說，延伸的長度不應該超過循環分析資料長度的三分之一。舉例來說，如果採用 8 年（96 個月）的每天資料進行循環分析（稍

圖 16.14

循環的預測：個別與綜合

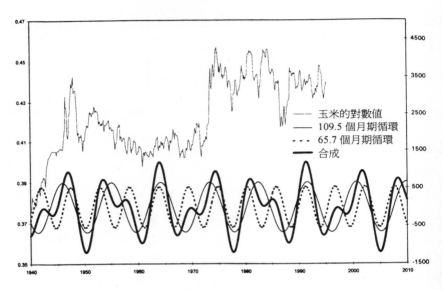

多於 2,000 個資料點），循環向未來延伸的長度不應該超過 32
個月。當然，在預測終點之前，隨時都可以採用新的資料進行
分析。

　　循環的預測存在兩種不同的主張：(1)繪製個別的循環；(2)
透過數學方式將數個主要循環結合為單一的曲線。合成的循環
有一個問題：當兩個或多個循環的峰位與谷底大約同時發生，
循環的加總可能導致振幅受到扭曲。舉例來說，20 天期與 30
天期循環的峰位與谷底最後總有同時發生的時候。在這種情況

下，合成循環的振幅將定期受到誇大，所顯示的主要峰位與谷底實際上是來自於人為的加總。合成循環的振幅絕對不應該大於最主要循環的振幅，但實際上很容易讓人們產生這種印象或誤解。這些問題並不代表循環不應該結合，但交易者務必瞭解其中的潛在陷阱。一般來說，結合的循環最有助於預測未來的趨勢，個別循環則最適用於判斷交易的時效。

關於循環的預測，我們希望提出一項警告：某些交易者把循環預測視為是一種「萬靈的聖杯」，清楚顯示價格走勢的未來路徑，讓使用者可以掌握行情的轉折點。請注意，循環預測僅代表相對的機率，不具有絕對的性質。循環預測可能發生錯誤，最主要的理由有兩點：

1. 價格擺動未必會呈現正弦狀的波動。循環分析所採用的數學曲線，假定價格具有完美的對稱性質，但實際的價格走勢並不對稱：順勢的價格擺動長於逆勢的擺動。

2. 循環並不是驅動行情的唯一力量，其他的價格影響因子可能吞噬循環的效應。

雖說如此，但只要分析者瞭解循環預測的極限，交易決策不僅僅仰賴於此，這方面的知識確實有助於行情分析。下一節將說明如何根據循環預測來協助擬定交易決策。

循環分析在交易上的運用

實務上的運用

　　許多交易者對於循環分析的運用，經常誤以為行情的轉折將嚴格遵從循環的預測。在現實世界裡，即使有效的循環繼續運作，我們還是會遭遇兩個根本的難題：

1. **市場的擺動並不對稱.** 代表循環的數學曲線具有對稱的性質，假定價格的向上擺動與向下擺動將涵蓋相同的時間長度。可是，市場中的實際價格擺動通常都會變形。如果向上擺動的期間長於向下擺動，這是向右變形（right-hand translation）的循環；如果向下擺動的期間長於向上擺動，這是向左變形（left-hand translation）的循環（參考圖 16.15）。

2. **循環的峰位與谷底可能提早或落後發生.** 請注意，循環分析方法中所提供的理想循環，實際上是參酌過去循環而歸納的綜合結果。所參酌循環的峰位與谷底，它們的發生時間通常都會早於或晚於綜合的結果。即使數學方法界定的循環確實能夠精確代表過去峰位與谷底的發生時間，我們也沒有理由預期未來的市場轉折點將完全符合理論循環的相位。

　　這兩個問題可以透過循環變形調整與循環視窗來處理。以下各節將討論這方面的相關技巧。

圖 16.15

循環的變形

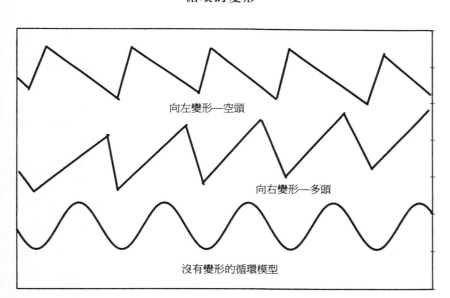

循環變形的調整

循環變形是受到兩種價格走勢的基本性質影響：

1. 價格的上漲速度通常慢於下跌的速度。由另一個角度
    來說，空頭市場的期間通常短於多頭市場的期間。這
    種行為模式造成長期價格循環經常向右變形（但整體
    循環長度符合多頭市場／空頭市場相位的典型期
    間）。

2. 對於短期與中期的循環來說，它們經常朝既有的較長期趨勢方向變形（這通常也是較長期循環的方向）。換言之，在長期的下降趨勢中，循環的向下相位通常都會長於向上相位（向左變形）；在長期的上升趨勢中，循環的向上相位通常都會長於向下相位（向右變形）。

分析者應該針對特定的循環，檢視過去所有峰位的發生位置，藉以瞭解未來可能的變形。最好是編製一份柱狀圖，顯示過去循環峰位發生在每段期間內的次數。以 11 個月的循環為例，柱狀圖將顯示循環內每個月份的峰位發生次數（時間的衡量是由谷底起算）。如果分析顯示峰位主要都發生在第 7、8 與 9 個月（而不是對稱循環所應該發生的第 5、6 與 7 個月），則循環的預測應該考慮向右的變形。這類的變形調整可以更進一步微調，考慮更長期循環的當時方向。舉例來說，我們可以根據某更長期循環的當時方向，分別建立峰位發生位置的柱狀圖。

循環視窗

因為循環的實際峰位與谷底可能提早或落後於理論性的轉折點，所以應該採用「視窗」的預測而不是「點」的預測。對於大多數的價格資料來說，視窗的寬度是以理論性轉折點為中心，兩邊各取循環長度的 14 到 20%。（如果循環預測考慮變形的調整，視窗當然應該以預測轉折點為中心。）如果循環

的長度很短，14%或 20%的視窗將沒有太大的差別。以 73 天
期的循環來說，視窗是理論性轉折點的兩側各 10 天，20%的
視窗是 14 天。（圖 16.16 中顯示 73 天循環的 20%視窗。）

交易者應該利用視窗來界定行情轉折點的可能位置。至
於實際上如何運用這方面的資訊，這取決於個人的經驗與判
斷。舉例來說，如果持有預測轉折的逆向部位，可以調緊停止
價位，或採用比較敏感的趨勢反轉指標。

圖 16.16
循環視窗

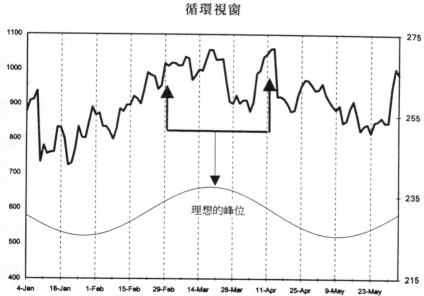

附註：圖形中顯示 73 天期的循環與 20%的視窗

趨勢循環與時間循環

交易者所關心的是行情的發展方向與發生時間。循環分析有助於這兩方面的運用。理論上來說，循環可以分為兩種類型：趨勢循環與時間循環。趨勢循環被用來預測行情的可能發展方向，時間循環則被用來設定交易的時間。在理想的情況下，交易者應該利用時間循環來預測轉折點（或轉折視窗），然後順著趨勢循環的方向建立部位（參考圖 16.17）。

趨勢循環與時間循環的劃分並沒有一定的準則，完全取

圖 16.17
S&P 500 中的趨勢循環與時間循環

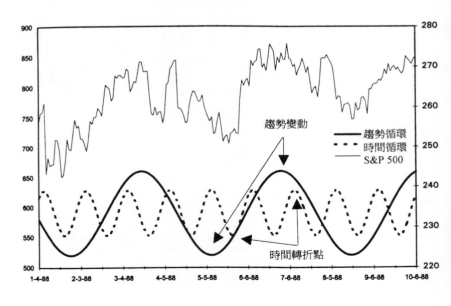

決於交易者個人的看法。某個循環可能適合做為某位交易者的時間循環,但對於比較長期的交易者來說,該循環可能是時間循環。可是,每位交易者都應該根據某個循環來評估行情方向,根據另一個較短期的循環來評估交易時機。原則上來說,**趨勢循環**的長度應該顯著大於交易部位的正常持有期間。舉例來說,如果交易者持有部位的正常期間是 3 個月(假定沒有因為風險控制的理由而平倉),趨勢循環的長度大約是 6 個月。(當然,這還必須考慮實際上存在的循環。)時間循環的長度通常是設定為趨勢循環長度的一半或三分之一(這也必須考慮實際上存在的循環)。

結論

　　許多人經常因為錯誤的理由而偏愛循環分析。猜測市場的頭部與底部是人類的天性之一。如果循環可以用來預測未來行情的轉折點,似乎非常適合用來滿足前述的欲望。請注意,猜測市場頭部與底部是初學者(或輸家)的特性,頂尖的玩家(或贏家)不興這一套。如同前文中的說明,循環僅是市場的驅動力量之一,經常被其他影響因子吞噬。另外,即使是最穩定的循環也會偏離數學的曲線。因此,如果交易決策盲目地運用循環預測而不考慮其他的方法與技巧,循環分析僅可以帶來災難。不可避免地,循環的某些預測低點之後將發生重大的跌勢,某些預測高點之後將發生重大的漲勢。教訓:循環分析是交易決策的重要工具之一,但絕對不是唯一的工具。

第 IV 部 分

交易系統與績效衡量

技術交易系統：
結構與設計

順勢交易系統僅有兩種類型：快速與慢速。

Jim Orcutt

本書所討論與不討論的交易系統

首先提出一項說明。如果你期待在後文中找到某種交易系統的奧秘，足以讓你在實戰中每年獲利 100%，而且又不需承擔很大的風險，那你最好還是試試別的地方。這一方面是因爲我還沒有找到這類的「穩當」賺錢方法。可是，這不是重點所在。基於明顯的理由，本書不會詳述我所設計的最佳交易系統——目前它管理大約 7,000 萬美金的資金。坦白說，我對於某些書籍與電腦軟體的廣告始終覺得非常迷惑，它們承諾告訴你某種交易的秘訣，每年可以獲利 100%、200%或更多！對於如此珍貴的秘訣，售價位什麼僅是$99 或$2,999？

本章的主要宗旨是提供一些背景知識，讓讀者可以自行設計交易系統。後文的討論將涉及下列的領域：

1. 綜觀某些基本的順勢交易系統

2. 這些系統的主要缺點

3. 將「基本」系統轉化為高級系統的準則

4. 逆勢交易系統

5. 藉由分散投資而提昇績效

　　第 18 章將討論一些頗具創意的交易系統。第 19 章到 21 章將分別探討資料選擇、系統測試與績效衡量等主題。

機械性交易系統的效益

　　相對於實際交易，紙上交易是否比較簡單？大部分的投機者都認為如此，即使兩者都採用相同的決策程序。相關的差異可以由一個因素來解釋：情緒。在實際的交易中，情緒會造成許多負面的影響，例如：過度交易，由於謠言而過早結束獲利的部位，堅持虧損的部位，利用市價單倉促進場而希望取得理想的價位。機械性交易系統的最大功能，或許是消除交易中的情緒因子。透過這種方法，投機者可以避開許多有礙交易績效的常見錯誤。另外，由於許多瞬間的決策可以仰賴交易系統，這有助於舒緩交易的相關壓力與憂慮。

　　機械性系統還有另一個優點，可以確保交易方法的一致性——換言之，交易者將遵循特定一組條件所提供的所有訊號。這非常重要，因為某套交易策略即使可以獲利，但選擇性

的運用可能導致虧損。讓我們舉個例子來說明這點。假定某位投資顧問的建議可以提供長期的淨獲利（扣除佣金與滑移價差之後）。如果客戶僅根據建議進行一部分的交易，是否也可以獲利呢？未必見得。某些客戶會篩選相關的建議，這必然會錯失某些高獲利的交易。另一些客戶會因為連續的虧損而停止接受建議，這也可能因此而錯失一系列的獲利機會。所以，理想的交易策略並不足夠；成功還有賴於一致性。

除此之外，交易系統通常也會提供某種風險控制的方法，這也是優點之一。資金管理是交易成功的必要條件之一。如果沒有侷限損失的計劃，單筆的失敗交易就可能帶來一場災難。任何合理的機械性系統都會提供停損的法則，或根據反向的價格走勢而設定部位反轉的條件。因此，完全採用機械性系統的訊號進行交易，個別交易通常都不會發生災難性的損失（除非是發生特殊的狀況，連續的停板走勢造成無法平倉）。所以，採用機械性交易系統，虧損都是來自於許多不利交易的累積結果，但交易帳戶不會因為一、兩筆交易而被勾消。

當然，資金管理不一定需要透過交易系統來執行。每當建立新的部位，交易者可以同時遞入風險控制的常效停損單，或是預先決定部位的出場點，並嚴格遵守計劃。可是，許多交易者往往缺乏足夠的心理紀律，總是希望再給自己一點時間。

系統的三種基本類型

此處將交易系統劃分爲三種類型，這完全是反映作者本身的主觀看法，主要是爲了方便於解釋它們之間的觀念性差異：

順勢. 順勢交易系統是等待某些特定的價格走勢，然後順著所假定的趨勢發展方向建立部位。

逆勢. 逆勢交易系統是等待某些重要的價格走勢，然後根據市場可能的修正方向而建立部位。

型態辨識. 在某種意義層面上，所有的交易系統都屬於型態辨識的系統。畢竟來說，產生順勢或逆勢訊號的相關條件都屬於某種型態(例如：收盤價低於 20 天期的高／低價)。可是，此處所謂的型態，基本上不取決於方向性的走勢。舉例來說，型態辨識系統可能根據「突兀線形」而提供訊號。在這種情況下，主要的考量是型態本身（突兀線形）而不是先前的價格走勢。當然，這是一個過度簡化的例子。實務上，交易訊號所引用的型態可能非常複雜，單一的系統可能納入數個型態。

這類系統的決策程序中可能會採用機率模型。在這種情況下，分析者將根據過去的資料，嘗試尋找價格漲勢或跌勢開始之前的型態。這種方法假定過去的價格型態可以用來推估目前的行情；換言之，在某種條件下，評估價格上漲或下跌的發生機率。本章不打算討論這方面的系統設計，因爲這已經超過**概論**的範圍。

請注意，前述的分類未必很清楚。經過調整之後，某類型的系統可能更接近於另一類系統的性質。

順勢系統

根據定義，順勢系統絕對不會賣在最高點或買在最低點附近，因為它需要經過一段反向的價格走勢才會發出交易訊號。所以，採用這類的系統，交易者一定會錯失行情走勢的最初部分，而且在收到反轉訊號之前，也會犧牲相當程度的既有獲利（假定系統始終在市場中建立部位）。如何設定順勢交易系統的敏感性（訊號速度），這基本上是「一得一失」的決策。高敏感性的系統可以迅速提供趨勢反轉的訊號，使得有效訊號可以提供最大的獲利，但也經常發出假訊號。對於比較遲鈍或不敏感的系統來說，情況恰好相反。

許多交易者會產生一種偏執的心態，試圖捕捉每個行情波動。受到這種心態的影響，順勢系統將變得愈來愈快。雖然在少數的市場中，快速系統的績效總是優於慢速系統，但在大多數的市場中，情況恰好相反，因為慢速系統所節省的佣金成本與交易損失將超過所犧牲的獲利機會。當然，這個評論僅希望交易者保持謹慎的心態，不要盲目相信交易系統的速度。事實上，交易系統快、慢速度的選擇，應該取決於實證的考量，以及交易者主觀上的偏好。

順勢交易系統有許多不同的建構方法，本章僅討論其中

最基本的兩種技巧：移動平均系統與突破系統。

移動平均系統

　　某天的 N 天期移動平均，是該天收盤價與先前 N-1 天收盤價的平均值，其中 N 天是移動平均的長度。以 10 天期的移動平均為例，某天的數值是當天收盤價與先前 9 天收盤價的平均值。移動平均中的「移動」，是指計算平均值的一組收盤價將隨著時間經過而不斷移動。

　　由於移動平均是計算過去的價格，在上升行情中，移動平均將低於當時的價格，在下降行情中，移動平均將高於當時的價格。所以，如果價格趨勢由上往下反轉，價格也將由上往下穿越移動平均。同理，如果價格趨勢由下往上反轉，價格也將由下往上穿越移動平均。在最基本的移動平均系統中，前述的穿越點就代表交易訊號：價格向上穿越移動平均，代表買進訊號；價格向下穿越移動平均，代表賣出訊號。穿越應該是以收盤價為準。表 17.1 中說明移動平均的計算過程，以及前述的簡單穿越訊號。

　　圖 17.1 中列示美國公債 1993 年 12 月份契約的走勢圖，以及對應的 35 天移動平均。請注意圖形中標示的買進與賣出訊號（沒有框起的部分；暫時不理會菱形的訊號，稍後會解釋），它們即是前述移動平均穿越方法提供的訊號。這套系統雖然掌握主要的上升趨勢，但也產生很多假訊號。當然，如果我們增

表 17.1

移動平均的計算

天	收盤價	10 天移動平均	穿越訊號
1	80.50		
2	81.00		
3	81.90		
4	81.40		
5	83.10		
6	82.60		
7	82.20		
8	83.10		
9	84.40		
10	85.20	82.54	
11	84.60	82.95	
12	83.90	83.24	
13	84.40	83.49	
14	85.20	83.87	
15	86.10	84.17	
16	85.40	84.45	
17	84.10	84.64	賣出
18	83.50	84.68	
19	83.90	84.63	
20	83.10	84.42	
21	82.50	84.21	
22	81.90	84.01	
23	81.20	83.69	
24	81.60	83.33	
25	82.20	82.94	
26	82.80	82.68	買進
27	83.40	82.61	
28	83.80	82.64	
29	83.90	82.68	
30	83.50		

圖 17.1

1993 年 12 月份公債與 35 天移動平均

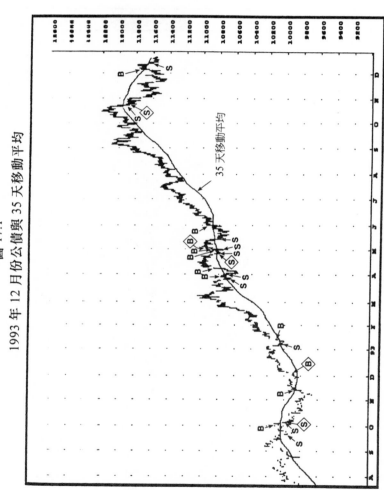

35 天移動平均

附註：B＝買進訊號：價格由下往上穿越移動平均；收盤價高於均線；S＝賣出訊號：價格由上往下穿越移動平均；收盤價低於均線；Ⓢ＝沒有被過濾的買進訊號；Ⓢ＝沒有被過濾的賣出訊號。

加移動平均的長度，就可以克服一部分的問題，但簡單移動平均穿越系統還是存在假訊號過多的傾向。這是因爲任何短暫而巨幅價格波動（期貨市場中相當常見），就足以引發訊號。

某些人們認爲簡單移動平均有一個問題，因爲它認定每天的數據都有相同的重要性；事實上，最近發生的資料應該比較重要，所以應該設定較大的權數。我們可以透過許多不同的權數結構來調整移動平均。最常見的兩種加權移動平均是：**線性加權移動平均**（linearly weighted moving average，LWMA）與**指數加權移動平均**（exponentially weighted moving average, EWMA）[1]。

在 LWMA 中，最早價格的權數設定爲 1，次早價格的權數設定爲 2，依此類推。最近價格的權數相當於是移動平均的長度。LWMA 是把「加權之後的價格總值」除以「權數的總值」；換言之：

$$\text{LWMA} = \frac{\sum_{t=1}^{n} P_t \cdot t}{\sum_{t=1}^{n} t}$$

其中　　t = 時間指標（最早一天爲 1，次早一天爲 2，依此類推）
　　　　P_t = 時間 t 的價格
　　　　n = 移動平均的長度（單位：天）

---

[1] 本節其餘部分的內容是參考下列的資料來源：(1)Perry Kaufman, T*he New Commodity Trading Systems and Methods*, John Wiley & Sons, New York, 1987; (2)*Technical Analysis of Stocks and Commodity*, 1995 年版本，第 66 頁。

以 10 天期的 LWMA 來說，10 天前的價格乘以 1，9 天前的價格乘以 9，依此類推，最近的價格乘以 10。然後，經過加權的價格總值除以 55（權數 1 到 10 的總和），結果就是 LWMA。

EWMA 是下列兩者的加總：目前價格乘以某個介於 0 與 1 之間的平滑常數（定義為 a），前一天的 EWMA 乘以（1−a）；換言之，

$$EWMA_t = aP_t + (1-a)\,EWMA_{t-1}$$

請注意，每天的 EWMA 都是先前所有價格的加權平均數，但各天的權數將因為時間經過而呈指數狀的減少。任何個別價格的權數是：

$$a(1-a)^k$$

其中 k = 距離目前的天數（目前的 k = 0，所以權數是 a）。由於 a 是介於 0 與 1 之間，所以日期距離目前愈久，權數將急遽下降。舉例來說，如果 a = 0.1，昨天的權數是 0.09，前天的權數是 0.081，10 天前的權數是 0.035，30 天前的權數是 0.004。

對於平滑常數 a 的指數移動平均與 n 期簡單移動平均來說，a 與 n 之間大致上維持下列的關係：

$$a = 2 \,/\, (n+1)$$

或

$$n = (2-a) \,/\, a$$

舉例來說，平滑常數 0.1 的指數移動平均大約對應 19 天期的簡單移動平均。再舉一個例子，40 天期的簡單移動平均大約對應平滑常數為 0.04878 的指數移動平均。

就我個人的看法來說，沒有任何證據顯示線性或指數加權移動平均明顯優於簡單移動平均。有些時候，加權移動平均的表現比較理想；另一些時候，簡單移動平均的表現比較理想。至於那種移動平均比較適用，這完全取決於個別市場與相關的期間；另外，過去的相對優異性並不保證未來的績效。總之，各種加權的結構似乎並不能有效提昇簡單移動平均系統的績效。

移動平均的相互穿越，似乎可以更有效提昇系統的功能。在這套系統中，訊號是來自於兩條移動平均的相互穿越，而不是價格與單一移動平均的穿越。相關的交易法則非常類似於簡單移動平均的系統：短期均線向上穿越長期均線，代表買進訊號；短期均線向下穿越長期均線，代表賣出訊號。（在某種意義層面上，簡單移動平均系統可以視為是目前這種系統的特例，將短期均線的長度設定為 1。）由於穿越系統的交易訊號是來自於兩組經過平滑的數列（而不是原始價格數列與另一組經過平滑的數列），這可以顯著降低假訊號的數量。圖 17.2、17.3 與 17.4 分別顯示 12 天期簡單移動平均系統、48 天期簡單移動平均系統與這兩條移動平均的穿越系統。大體上來說，移動平均穿越系統遠優於簡單移動平均。（可是，請注意，某些經過修正的順勢交易系統也可以成功運用簡單移動平均做為根本的交易方法，請參考下文。）關於移動平均系統的缺點與

圖 17.2

1994 年 12 月份棉花與 12 天移動平均

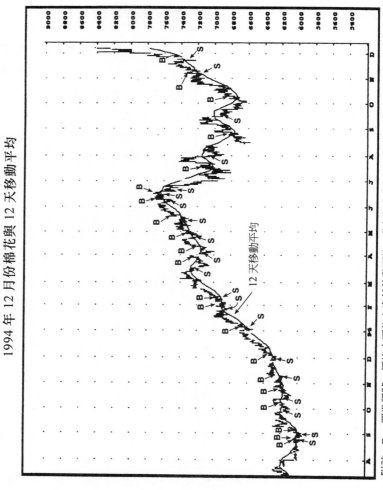

附註：B ＝買進訊號：價格由下往上穿越移動平均，收盤價高於均線；S ＝賣出訊號：價格由上往下穿越移動平均，收盤價低於均線。

圖 17.3

1994 年 12 月份棉花與 48 天移動平均

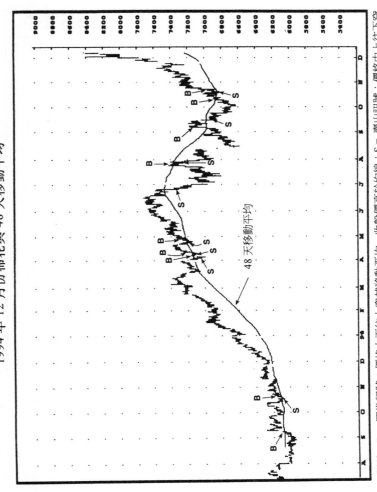

48 天移動平均

附註：B＝買進訊號：價格由下往上穿越移動平均，收盤價高於均線；S＝賣出訊號：價格由上往下穿越移動平均，收盤價低於均線。

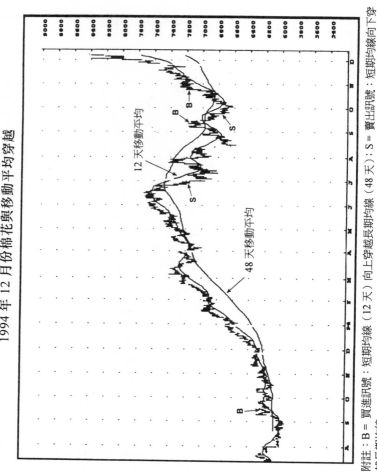

圖 17.4

1994 年 12 月份棉花與移動平均平均穿越

附註：B = 買進訊號；短期均線（12 天）向上穿越長期均線（48 天）；S = 賣出訊號；短期均線向下穿越長期均線。

可能的改進方法，請參考下文的討論。

突破系統

突破系統的根本觀念很單純：如果行情有能力創新高或新低，所顯示的勁道應該可以朝突破方向繼續發展。下列這套法則是突破系統的簡單範例：

1.　如果今天的收盤價超越先前 N 天期的高價➔補空而做多。

2.　如果今天的收盤價低於先前 N 天期的低價➔翻多而做空。

其中的 N 值是參數，界定系統的敏感程度。如果 N 設定得很小（例如：$N=7$），系統將迅速顯示趨勢的反轉，但錯誤的訊號也增多。反之，如果 N 設定得很大（例如：$N=40$），雖然可以降低錯誤的訊號，但可能延誤進／出場的時機。

圖 17.5 是以黃豆餅連續期貨為例子，說明前述簡單突破系統（$N=7$ 與 $N=40$）的運作情況。以下的評論（清處地顯示於圖 17.5 中）普遍適用於快速與慢速突破系統之間的「得失」關係：

1.　快速系統可以提供主要趨勢轉折的及時訊號（例如：6 月份的賣出訊號）。

2.　快速系統比較容易產生錯誤的訊號。

3.　慢速系統的每筆交易損失大於快速系統的對應損失。

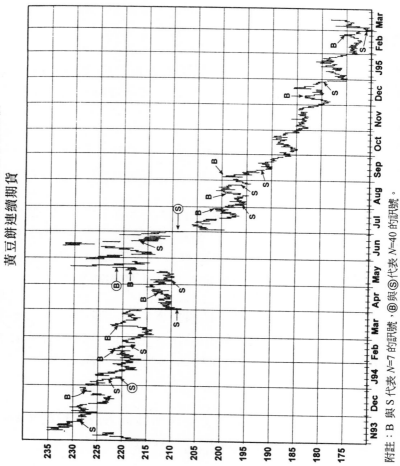

圖 17.5

突破系統：快速版本與慢速版本的比較

黃豆餅連續期貨

附註：B 與 S 代表 N=7 的訊號，Ⓑ與Ⓢ代表 N=40 的訊號。

舉例來說，慢速系統（ $N=40$ ）的 5 月份買進訊號所造成的淨損失大約是 $14。快速系統（ $N=7$ ）的對應買進訊號幾乎持平（不考慮佣金）。某些情況下，快速系統甚至可以在短期趨勢中獲取些微的利潤，但慢速系統的損失相當嚴重。

如同前文中的說明，快速與慢速系統各自適用於不同的市況。就前述例子來說，慢速系統的整體績效稍微理想一些。當然，我們也很容易找到例子來「證明」快速系統比較理想。可是，根據研究資料顯示，大多數的市場都適合採用慢速的系統。總之，如何調整系統的敏感性，必須根據最新的歷史資料測試來決定。

前述討論的突破系統範例，其中是比較目前的收盤價與先前的高／低價。請注意，比較的基準可以由個人決定，其他的可能組合包括：目前的高／低價相對於先前的高／低價；目前的收盤價相對於先前最高或最低收盤價；目前的高／低價相對於先前最高或最低收盤價。雖然這些條件的選擇一定會影響突破系統的績效，但各組條件的績效差異（對於相同的 N 值而言）基本上都是屬於隨機性質，而且也不會「一面倒」。所以，我們雖然可以透過歷史資料測試這些條件，但把精力集中在系統的根本修正上，這或許是更合理的做法。

突破類型系統的缺失，基本上也類似於移動平均系統，詳細的討論請參考下一節。

標準順勢系統的普遍問題

1. **太多類似的系統.** 許多不同的順勢系統會提供非常類似的訊號。因此，很多順勢系統可能在 1~5 天的期間內發出相同的訊號。由於大部分的期貨基金與部分的投機客都採用順勢系統，所以經常發生單邊的市場。在這種情況下，如果交易者採用順勢系統，市價單或停止單的成交價格可能會遠離預期中的價位。

2. **反覆的訊號.** 順勢系統會針對所有的主要趨勢提供訊號；問題是它們也會產生許多假訊號。行情經常出現某種大幅的走勢而引發交易訊號，然後立即折返又引發反向的訊號，這可以說是順勢系統使用者的夢魘。這種現象經常重覆而連續發生，所以稱為「反覆」（whipsaw）。圖 17.6 是顯示某突破系統的運作情況（收盤價超過先前 N 天期的高 / 低價，N=10），這個例子可以充分說明順勢系統的黑暗面。

3. **不能充分利用主要的價格走勢.** 基本的順勢系統永遠是假定相同單位的部位規模。結果，在長期的趨勢中，這類系統頂多僅能夠順著趨勢建立一單位的部位。舉例來說，在圖 17.7 中，突破系統（N=40）在 1993 年 12 月發出買進訊號，然後在整個上升趨勢中繼續做多當初的多頭部位。雖然這筆交易的結果確實不錯，但如果該系統能夠根據延伸性的走勢而發出調整部位規模的訊號，績效應該更理想。

4. **不敏感（慢速）的系統可能犧牲相當程度的既有獲利.** 雖

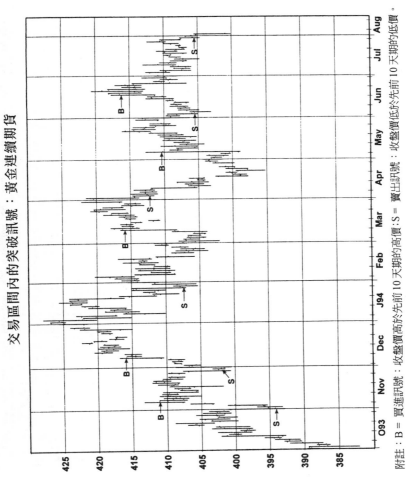

圖 17.6

交易區間內的突破訊號：黃金連續期貨

附註：B＝買進訊號：收盤價高於先前 10 天期的高價；S＝賣出訊號：收盤價低於先前 10 天期的低價。

圖 17.7

系統不能充分利用主要的價格走勢：鍋連鑽期貨

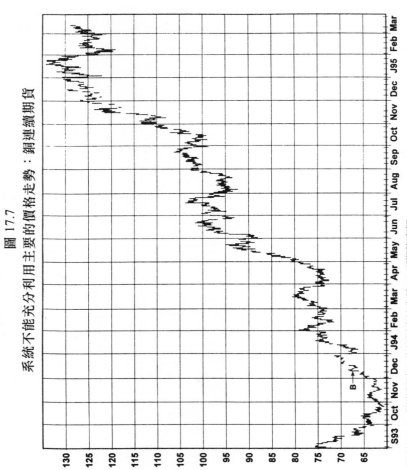

附註：B ＝ 買進訊號：收盤價高於先前 40 天期的高價。

然順勢系統的慢速版本通常都能夠提供相對理想的績
效，但其中蘊含著一項潛在的威脅，它們可能犧牲相
當程度的未平倉獲利。以圖 17-8 的例子來說，這個
突破系統（$N=40$）確實掌握無鉛汽油在 3 月底到 6
月份之間的價格漲勢，但在得到反向訊號之前，它幾
乎吐回全部的獲利。

5. **在橫向走勢中無法獲利.** 在橫向走勢的期間，任何順
勢系統的最理想績效就是維持損益兩平——換言之，
儘可能不發出新的訊號。可是，在大部分的情況下，
橫向走勢都會引發反覆的訊號。這方面的考量非常重
要而實際，因為大多數的市場都有一半以上的期間處
在橫向走勢中。

6. **暫時性的龐大損失.** 即使是頂尖的順勢系統也免不了
發生暫時性的龐大損失。如果交易帳戶中已經有獲利
可供緩衝，那還不至於造成重大的困擾；萬一開始進
行交易就碰到這類的情況，將是一場天大的災難。

7. **頂尖系統的績效波動非常劇烈.** 交易者經常可以發現這
類的順勢系統，獲利的情況愈理想，績效的起伏也愈
嚴重，這意味著偏高的風險。

8. **測試期間的績效很理想，但實際操作卻是一場災難.** 這
恐怕是交易者對於機械性系統的最深感受。

9. **參數的變動[2].** 交易者經常透過歷史資料的測試，辛辛

---

[2] 在交易系統的運用中，參數的定義請參考第 20 章。

圖 17.8

不敏感系統犧牲既有的獲利：無鉛汽油連續期貨

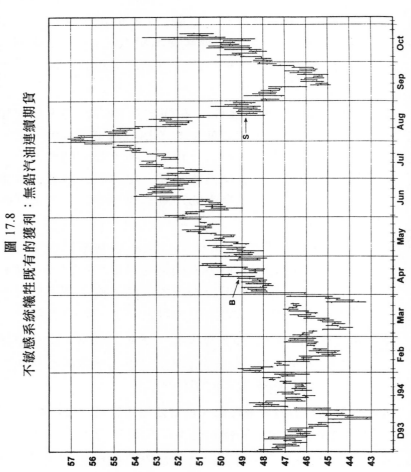

附註：B＝買進訊號：收盤價高於先前 40 天期的高價；B＝賣出訊號：收盤價低於先前 40 天期的低價。

苦苦找到一組最理想的參數值（例如：突破系統中的最佳化 N 值），結果卻發現這組參數值在隨後期間內的表現很差（相對於其他參數值而言）。

10. **滑移價差.** 另一個常見的現象：系統的紙上交易很理想，但實際交易中卻同時發生虧損。關於滑移價差（slippage）的問題，請參考第 20 章。

基本順勢系統的可能修正

根據過去 20 年來的經驗顯示，即使如移動平均或突破系統之類的單純方法，如果能夠一致性地在數個市場進行分散交易，而且期間夠長（例如：3~5 年），它們通常都可以獲利。然而，這些系統的單純性是一種優點、也是一種缺點。基本上來說，這些系統的交易法則或許太過於單純而不能因應各種的市況。即使系統能夠提供長期的淨獲利，簡單的順勢系統還是會讓交易者每隔一段期間蒙受重大的損失。事實上，基於人們的天性，每當逢到重大虧損的期間，使用者經常放棄既有的系統，並因此而導致淨損失，即使該系統具有長期獲利能力也是如此。

本節將討論基本順勢系統的一些主要修正方式，藉以提高它們的交易績效。為了說明方便起見，我們引用的例子是以先前討論的簡單突破系統為準。可是，類似的修正也適用於其他基本的順勢系統（例如：移動平均穿越）。

確認條件

　　確認（confirmation）是基本順勢系統的一個重要修正；換言之，訊號必須符合額外的條件，然後才被接受。如果在反向訊號發生之前，訊號始終沒有滿足確認的條件，則不進行交易。確認法則的主要功能是處理順勢交易系統的天敵——假訊號。根本的假設是：有效的訊號將滿足確認條件，假訊號通常不會。確認條件的可能範圍僅受限於系統設計者的想像力。以下提供三個例子：

1. **貫穿.**　　唯有當價格穿越某基準點的距離超過某最低程度，訊號才被接受。貫穿程度可以採用絕對距離或相對百分率。圖 17.9 中是採用標準的突破系統，$N=12$，確認條件是收盤價貫穿先前 N 天期高／低價至少 2%。請注意，就這個例子來說，確認條件雖然稍微延後有效訊號的時機，但它剔除所有七個假訊號。（如果賣出訊號沒有得到確認，隨後的買進訊號也無效，因爲部位當時已經做多。同理，如果買進訊號沒有得到確認，隨後的賣出訊號也無效，因爲部位當時已經做空。）

2. **時間延遲.**　　當訊號發生之後，經過特定的延遲時間，再評估交易訊號。舉例來說，如果收盤價穿越訊號價格（高則買進，低則賣出），而且維持該狀態 6 天或以上，才接受相關的交易訊號，這就是一種時間延遲的確認訊號。圖 17.10 中比較基本突破系統（$N=12$）與對應 6 天延遲確認系統的交易訊號。在這個例子

圖 17.9

貫穿的確認條件：可可連續期貨

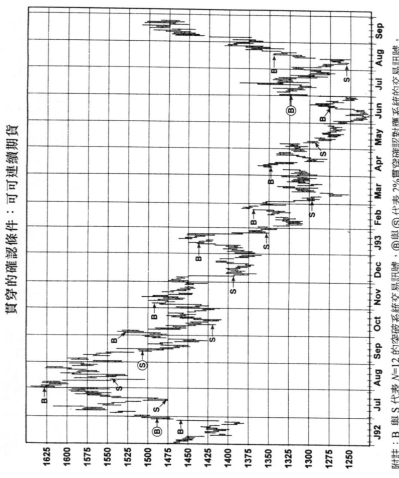

附註：B 與 S 代表 N=12 的突破系統交易訊號，Ⓑ與Ⓢ代表 2%貫穿確認對應系統的交易訊號。

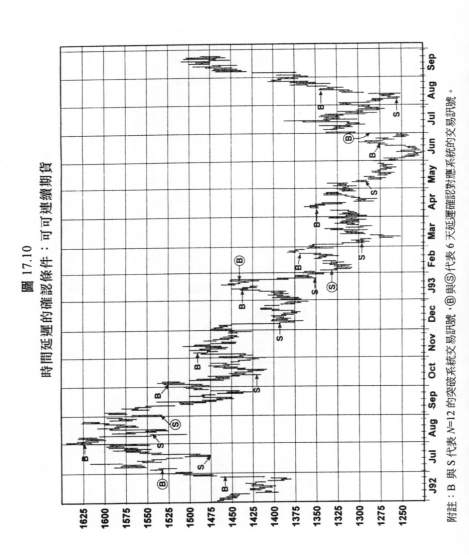

圖 17.10

時間延遲的確認條件：可可連續期貨

附註：B 與 S 代表 N=12 的突破系統交易訊號，⑬與⑤代表確認對應系統的交易訊號。
⑬與⑤代表 6 天延遲確認系統的交易訊號。

中，七個假訊號被確認條件消除六個。

3. **型態.** 這是確認法則的統稱；換言之，基本的系統訊號必須得到某特定型態的確認。舉例來說，確認法則可能是：訊號出現之後發生三支順向的衝刺線形[3]。圖 17.11 中比較基本突破系統（N=12）與對應 3 支衝刺線形確認系統的交易訊號。圖形中標示確認衝刺線形的計數。這個例子中的確認條件也完全消除七個假訊號。

系統設計是一種得／失之間的妥協。確認條件的主要優點在於減少反覆的訊號。可是，它也會產生不良的副作用——延遲有效訊號的時間，並因此而減少獲利。舉例來說，請觀察圖 17.9~17.11 中的 1992 年 6 月份買進訊號／1992 年 8 月份賣出訊號／1993 年 6 月份買進訊號，確認條件都使得交易價格相對不理想。然而，只要延遲交易時間所造成的獲利減少程度超過它們所避開的損失，確認條件還是能夠提供效益。某套系統中納入確認條件，其績效未必就超過對應的基本系統，但如果經過合理的設計，確認系統的長期績效應該比較理想。

濾網

濾網的功能是剔除那些成功機率偏低的交易。舉例來說，

---

[3] 衝刺線形是指收盤價高於（低於）前一天的高價（低價），請參考第 6 章。

圖 17.11

型態確認的範例：可可連續期貨

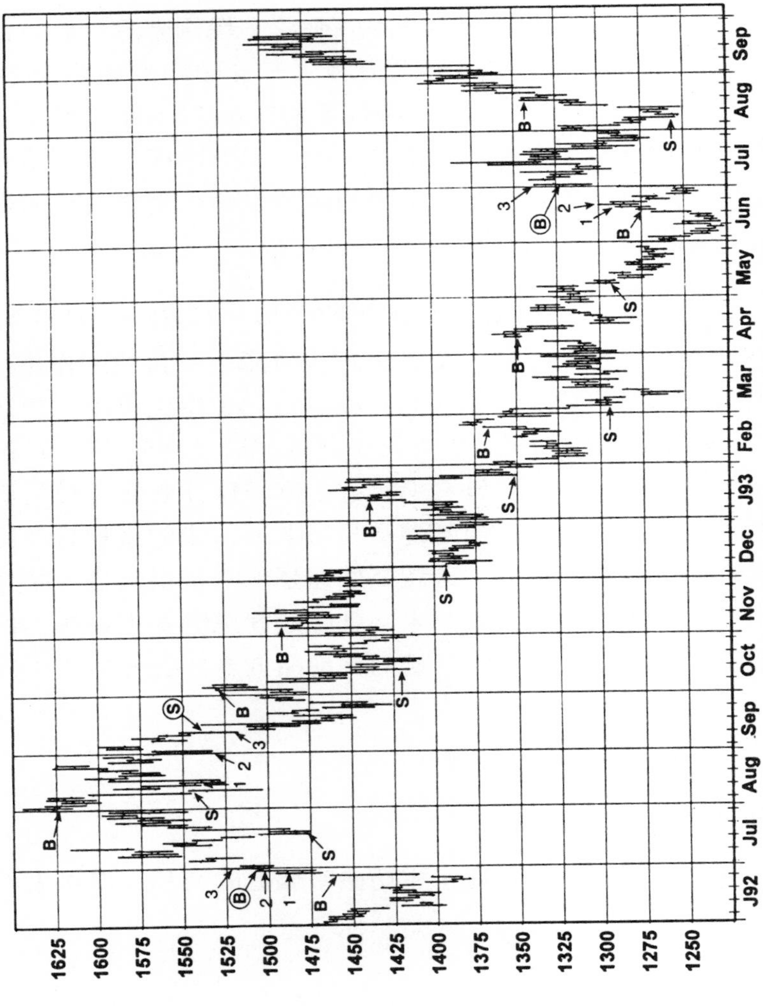

附註：B 與 S 代表 N=12 的突破系統交易訊號，Ⓑ與Ⓢ是經過 3 支衝刺線形確認的對應系統交易訊號。

技術交易系統可以結合某種基本分析模型，後者將行情分為多頭、空頭與中性市場。唯有當技術訊號符合基本面模型的立場時，訊號才被接受。對於不一致的訊號，則保持中性部位。可是，在大多數情況下，過濾條件也是由技術分析的角度設定。舉例來說，如果可以設計一組條件而相當精確的界定橫向走勢，如此將過濾橫向走勢中的交易訊號。原則上來說，系統設計者是希望透過濾網而尋找虧損交易的一組共通性質。

此處將採用簡單移動平均系統來說明過濾條件。請回頭觀察圖 17.1 中沒有加框的交易訊號，它們顯示簡單移動平均系統經常產生錯誤的訊號——即使在明確的趨勢中也是如此。如果我們只接受順著移動平均方向的交易訊號，如此將過濾絕大部分的反覆訊號。舉例來說，如果價格向上穿越移動平均，收盤價停留在均線之上，而且移動平均高於前一天的讀數，我們才接受買進訊號。這個過濾條件非常符合直覺的判斷，因為順勢系統的原則就是順著主要趨勢方向進行交易。

這個法則的運用需要釐清兩點：

1. 被拒絕的訊號可以「復活」；換言之，如果在反向訊號發生之前，移動平均隨後朝訊號方向發展，當初被拒絕的訊號將恢復效力。

2. 如果某訊號被拒絕之後，忽略隨後發生的反向訊號，因為當時已經持有新訊號的部位。由於簡單移動平均系統永遠在市場中建立部位，所以前述的評論成立。

如果採用前述的過濾法則，圖 17.1 中的菱形狀訊號代表

有效的訊號（或是穿越當時即生效，或是稍後生效）。我們發現，這個法則可以顯著降低假訊號。雖然在某些情況下，過濾法則會延誤交易的時機——例如：11 月份的賣出訊號——但整體而言的效益還是超過缺失。當然，單一的案例不能證明什麼。可是，圖 17.1 的意涵確實具有普遍的適用性。根據許多測試的研究報告顯示，交易系統納入圖 17.1 之類的過濾法則，通常都有助於提昇績效。

事實上，如果以移動平均的方向為準，價格反向穿越移動平均，這經常代表既有部位的加碼而不是反轉訊號*。舉例來說，在圖 17.1 中，1 月份、3 月份與 5 月份的穿越應該視為買進而不是賣出訊號，因為移動平均的趨勢仍然向上。這種解釋的立論根據很合理，在趨勢明確的市場中，修正走勢經常會折返到移動平均附近，然後再恢復長期的趨勢。所以，這類不被接受的訊號實際上可以做為金字塔式的加碼法則*。

請注意，就某種意義層面來說，前一節討論的確認法則也可以被歸類為濾網；換言之，如果訊號符合隨後發生的一組條件，訊號將被接受，否則剔除。可是，兩者之間還是有差異，濾網是訊號發生當時適用的篩選法則，其篩選不仰賴隨後發生的事件（但隨後發生的事件還是可以讓拒絕的訊號恢復效力）。所以，就名詞的定義來說，一套系統將分別採用濾網與確認條

---

* 譯按：價格向下穿越上升中的移動平均，代表多頭部位的加碼機會；價格向上穿越下降中的移動平均，代表空頭部位的加碼機會。

* 譯按：金字塔式的加碼（pyramiding）通常是限定利用既有部位的未平倉獲利進行加碼，但本書作者的用法似乎不侷限於此，請參考第 8 章的末尾。

件。在這類的系統中，訊號唯有得到濾網的接受，隨後又受到確認條件的認可，才會產生實際的交易。

市況調整

簡單順勢系統的缺失之一，是給予所有的市況同等待遇。舉例來說，不論是波動劇烈或穩定的市況，$N=20$ 的突破系統都會根據相同的條件發出買進訊號——價格高於 20 天期的高價。市況調整是希望針對一項事實進行調整：某套系統的最佳參數值將取決於市況。以突破系統爲例，N 值可以不設定爲常數，它的數值將根據市況的價格波動程度進行調整。舉例來說，我們可以根據過去 50 天之內的 2 天期平均價格區間[4]，將市況劃分爲五種價格波動的等級。在任何交易日內，提供訊號的 N 值將取決於當時的價格波動等級。

價格波動程度是市況歸類的最合理基準，但也可以嘗試其他的準則（例如：基本分析爲基礎的某種條件、平均成交量或其他）。總之，這類的調整是希望把順勢系統由靜態轉換爲動態的交易方法。

---

[4] 我們採用 2 天而不是 1 天的交易區間來衡量價格波動程度，主要是因爲後者可能會嚴重扭曲價格波動的實際情況。舉例來說，如果某天的價格開盤跳空鎖住漲停或跌停，當天的交易區間是零，但實際的情況代表嚴重的價格波動。當然，我們還可以採用許多其他的方法來定義價格波動程度。

買進訊號與賣出訊號的差別化

基本順勢系統通常都採用對稱的條件設定買進與賣出訊號（例如：買進訊號是收盤價高於 20 天期的高價，賣出訊號是收盤價低於 20 天期的低價，兩者相互對稱）。可是，似乎沒有什麼理由必須採用對稱的條件。舉例來說，假定我們研究大量的歷史價格走勢圖而發現，價格在主要頭部的下跌速度遠超過主要底部的上漲速度[5]。這項觀察意味著賣出訊號的敏感性應該高於買進訊號。可是，秉持著這種態度設計交易系統，特別容易觸犯過度套取（overfitting）的問題——細節請參考第 20 章。

金字塔式加碼

基本順勢系統通常都假設固定單位的部位規模，這顯然是一項缺失。在主要的趨勢中，系統應該能夠讓部位增加規模，因為這是順勢系統得以獲利的主要行情。針對主要趨勢進行加碼的時機，應該是在修正走勢結束而即將恢復主要趨勢的時

---

[5] 對於短期利率市場來說，這項陳述必須顛倒，因為市場交易是以價格為準，價格與利率是呈現反向的變動關係。在利率市場中，利率（而不是交易工具的價格）類似於一般市場的價格。舉例來說，商品價格與利率水準都沒有上限，但理論上都存在下限（譯按：當貨幣存在明顯的升值壓力，短期利率可能為負值，但這是很特殊的情況）。再舉另一個例子，當價格水準偏高時，商品市場的波動比較劇烈；當利率水準偏高時（交易工具價格偏低），利率市場的波動比較劇烈。長期利率（債券）市場的情況比較不確定，雖然利率不可能跌為負值，但它們的訂價結構使得利率下跌時的價格加速上漲（對於等量的利率變動而言）。

候。這類的交易需要尋找最佳的加碼時機，並設定合理的停損法則。相關的細節請參考第 8 章的討論，但此處提出一個例子說明可能的加碼法則：

買進情況

1. 修正：持有淨多頭部位而收盤價低於先前 10 天期的低價。

2. 一旦修正發生，而且符合下列兩個條件，隨後當收盤價高於 10 天期的高價，進行多頭部位的加碼：
   a. 加碼價格高於最近多頭部位的進場價格。
   b. 淨多頭部位的規模不多於三單位。（換言之，加碼部分不超過兩單位）。

賣出情況

1. 修正：持有淨空頭部位而收盤價高於先前 10 天期的高價。

2. 一旦修正發生，而且符合下列兩個條件，隨後當收盤價低於 10 天期的低價，進行空頭部位的加碼：
   a. 加碼價格低於最近空頭部位的進場價格。
   b. 淨空頭部位的規模不多於三單位。（換言之，加碼部分不超過兩單位）。

圖 17.12 是 1992 年 9 月份咖啡的走勢圖，其中採用 $N=40$ 的突破系統，並納入前述的加碼法則。

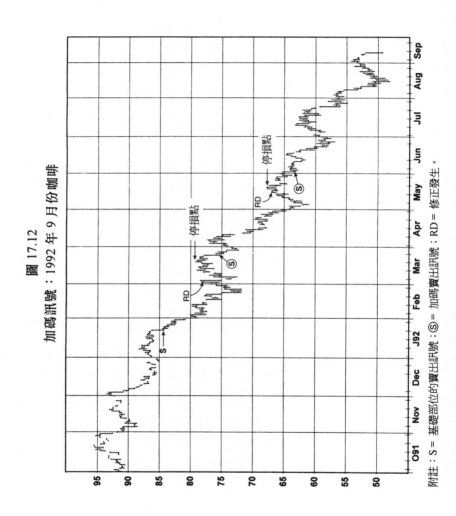

圖 17.12

加碼訊號：1992 年 9 月份咖啡

附註：S＝基礎部位的賣出訊號；Ⓢ＝加碼賣出訊號；RD＝修正發生。

如果系統內增添加碼的成份，風險控制的觀念特別重要。一般來說，加碼部位平倉訊號的敏感性應該超過反轉訊號。讓我們舉例說明前述系統的停損法則。每當符合下列條件，所有的加碼部位立即平倉：

1. 發生反轉訊號。

2. 收盤價高於(低於)最近修正發生之後的高價(低價)。圖 17.12 中標示這個法則的停損價位。

出場

系統內納入出場法則，將允許部位在反轉訊號發生之前平倉。這類的法則可以用來侷限損失，或保護既有的獲利。雖然這是很理想的性質，但出場訊號的敏感性將高於反轉訊號。如果採用出場法則，就應該也設定再進場的法則；否則，系統可能錯失主要的趨勢。

出場法則可能造成理想交易過早平倉。雖然再進場法則可以事後彌補這方面的缺失，但出／進之間代表反覆的損失。所以，如果交易系統納入出場法則 (與對應的再進場法則)，績效經常反而比較差。雖說如此，但某些系統還是能夠透過出場法則來提昇整體的績效，不過這非常不簡單。(不論單純由報酬或是由報酬／風險的角度來衡量，如果出場法則有助於績效，則利用出場法則取代反轉訊號的績效應該更理想。)另外，出場法則也可以採用動態的方式。舉例來說，當價格走勢的幅

度或期間愈延伸，出場法則愈敏感。

逆勢系統

逆勢系統的一般性考量

　　逆勢系統對於許多交易者而言深具魅力，因爲它的最終目標是「買低／賣高」。不幸地，這項目標的理想程度與實現的困難程度之間是呈反向的關係。務必瞭解一項關鍵性的差異，順勢系統基本上具有自我修正的能力，但逆勢系統蘊含無限損失的可能性。因此，任何的逆勢系統都必須納入停損的條件（除非是配合順勢系統使用）。否則，這類系統可能在主要下降趨勢的大部分期間內做多行情，在主要上升趨勢的大部分期間內做空行情。（對於大多數順勢系統而言，停損條件僅是選擇性的裝配，因爲任何部位的損失只要夠大，就會產生反向的訊號[6]。）

　　逆勢系統可以提供一個非常重要的功能，如果同時配合順勢系統使用，將可以達到理想的分散效果。請注意，即使逆勢系統產生些微的虧損，這方面的運用還是值得考慮，因爲逆勢與順勢系統之間存在反向的關連，同時採用兩種系統所蘊含的風險將低於單獨採用某種系統。所以，縱使逆勢系統本身發

---

[6] 可是，對於極端不敏感的順勢系統來說，停損還是必要的配備，例如：$N=150$ 的突破系統。

生虧損，兩種系統結合之後，還是可能提供較高的報酬率（在相同的風險水準上）。

逆勢系統的類型

下列的一些方法可以用來建構逆勢系統：

逆勢操作某最低程度的走勢. 這可能是最直接了當的逆勢交易方法。當前一個逆勢訊號發生之後，如果價格由低點上漲某最低程度，代表賣出訊號。同理，當前一個逆勢訊號發生之後，如果價格由高點下跌某最低程度，代表買進訊號。所謂「最低程度的價格走勢」，可以表示為絕對距離或相對百分率。請參考圖 17.13，其中的逆勢系統是採用 4%的門檻水準，藉以操作 1993 年 10 月~1994 年 7 月的黃金市場[7]。請注意，本章稍早也曾經利用這個例子說明順勢敏感系統的反覆性損失。順勢系統最不適用的行情，往往是逆勢系統最偏愛的市況，這並不是巧合。

透過確認而逆勢操作某最低程度的走勢. 這類似於前述的方法，但在接受相關的交易訊號之前，需要某種趨勢反轉的最低確認。舉例來說，我們可以採用 1 支衝刺線形來確認先前某特

---

[7] 由於圖 17.13 是連續期貨的走勢圖，百分率的變動等於圖形中顯示的變動量，除以對應的最近期貨契約價格（後者沒有顯示在圖形中）。根據第 12 章的解釋，連續期貨可以精確反映價格的擺動而不是價格水準。因此，計算價格百分率不能直接採用連續期貨的價格為「除數」。

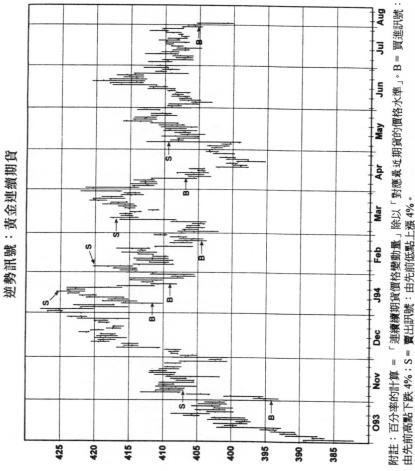

圖 17.13

逆勢訊號：黃金連續期貨

附註：百分率的計算 ＝「連續期貨價格變動量」除以「對應最近期貨的價格水準」。B ＝ 買進訊號：
由先前高點下跌 4%；S ＝ 賣出訊號：由先前低點上漲 4%。

定百分率走勢的逆勢訊號。

擺盪指標. 逆勢系統可以透過擺盪指標（oscillators）來提供交易訊號。擺盪指標的細節請參考第 15 章。可是，請注意，透過擺盪指標提供逆勢訊號，這在橫向走勢中很適用，但在趨勢明確的行情中將是天大的災難。相關的實務操作方法，請參考第 15 章。

循環. 逆勢系統可以利用循環分析，藉以評估交易的時機。舉例來說，當循環分析顯示市場峰位將發生時，我們可以根據某種趨勢反轉的條件來建立空頭部位（例如：價格跌破 8 天期最低收盤價）。循環分析的相關細節請參考第 16 章。

相反意見. 逆勢系統可以透過相反意見指標，評估進場的時機。舉例來說，當相反意見指標上升超過某特定水準之後，可以利用非常敏感的技術指標來確認賣出訊號。（相反意見的相關理論，請參考第 10 章。）

分散操作

根據標準的解釋，「分散」（diversification）是同時在數個市場進行交易。雖然這是最重要的一種分散型態，但——如果資金充裕的話——還有兩種可能的分散層面。第一，每個市場都同時採用數個系統。第二，每種系統都採用數種變形或參數值。舉例來說，如果採用突破系統操作兩口可可契約，每口契

約可以採用不同的 N 值（換言之，價格穿越 N 天期的高價／低價才構成交易訊號）。

在下文的討論中，我們將以 SMSV（single market system variation，單一市場系統變形）來代表某特定系統在單一市場中所採用的特定變形。舉例來說，利用 N=20 的突破系統操作可可契約，這就是 SMSV 的例子。就最簡單的情況來說，所有的市場都採用相同的單一系統；換言之，每個市場都採用相同的單一系統變形（每個市場的 SMSV 都完全相同）。這種簡化的情況代表交易系統的最典型運用，僅採用市場的分散。可是，如果資金充裕的話，還可以採用不同系統的分散，以及相同系統不同變形的分散。

分散操作可以提供三個重要的功能：

1. **減緩帳戶淨值的波動.** 不同的 SMSVs 通常不會在同一個期間內發生虧損。所以，同時採用許多 SMSVs，可以讓帳戶淨值曲線更平滑。就這個角度來說，操作 10 個報酬／風險性質類似的 SMSVs，所需要保留的準備金將遠低於操作 10 單位相同的 SMSV。換言之，分散操作的交易組合可以達成較高的百分率報酬。或者，在相同的資金配置下，分散組合可以達到相同的百分率報酬，但所承擔的風險水準較低。即使交易組合內包含某些績效不甚理想的 SMSVs，分散操作也可以提昇整體績效，至少在某個程度範圍內是如此。至於交易組合內 SMSVs 彼此之間的相互關連性，這

是一個重要的考量。

2. **確實掌握主要的趨勢.** 在任何一年之內，通常僅有很少數的期貨市場會出現重大的價格趨勢。由於大多數順勢系統內的交易都會發生虧損[8]，所以務必要掌握少數重大獲利的交易機會——換言之，主要的趨勢。這也是為什麼需要在眾多市場分散操作的理由。

3. **厄運的保障.** 就如同棒球一樣，期貨系統的交易是一種「失之毫釐，差以千里」的遊戲。在某種情況下，一天之內價格走勢的細微差異，也可能對某 SMSV 的獲利性構成重大的影響。為了說明這點，讓我們考慮 $N=20$ 的突破系統，確認條件是衝刺線形穿越前一天高點（低點）的某最低點數。系統 A 是 5 點；系統 B 是 10 點。這是兩個系統的唯一差異。

在圖 17.14 中，我們利用 1981 年 7 月份咖啡走勢圖來比較這兩個系統。（雖然還有一些更近期的例子可以運用，但這是我所知道最凸顯的一個例子，藉以說明系統參數的些微變動如何影響系統的績效。）7 月 16 日，系統發生初步的買進訊號（換言之，收盤價高於先期 20 天期的高價）。系統 A 在 7 月 17 日確認買進訊號，因為收盤價高於前一天的高價 9 點（A1）。可是，系統 B 需要 10 點的穿越，所以一直到隔天才確認訊號（B1）。

---

[8] 雖然發生虧損的次數比較多，但這類的系統還是可能獲利，因為每筆交易的平均獲利遠高於平均損失。

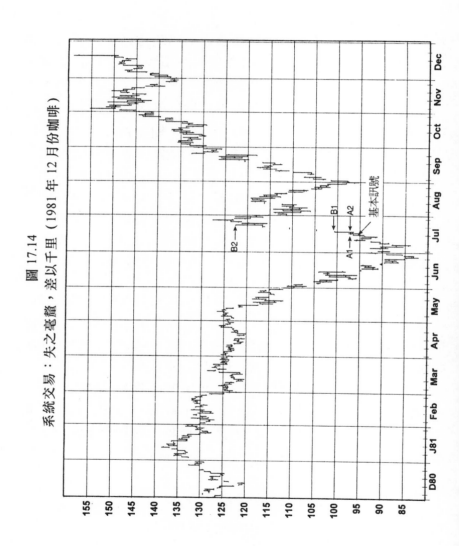

圖 17.14

系統交易：失之毫釐，差以千里（1981 年 12 月份咖啡）

　　系統 A 大約在 97 美分（A2）的位置完成買進。可是，由於隨後連續發生的漲停板，系統 B 的買單直到$1.22（B2）的價位才成交。短短幾天之內，系統 A 的獲利是 25¢／磅（相當於每口契約$9,375），但系統 B 因為不能反轉空頭部位而發生相同金額的損失。所以，兩個幾乎完全相同的交易系統，僅僅因為某天的收盤價不能高出 1 點（契約價值尚不到$4 的價格走勢），竟然造成單口契約的績效差異高達$18,750！請注意，這個例子所反映的是商品價格走勢的隨機性，而不是交易系統的不穩定性。除非是當日沖銷的系統，否則任何系統都可能反映相同程度的不穩定性，前述的例子可以證明這點：僅僅因為訊號相隔一天，單筆交易就發生如此重大的績效差異。

　　所以，某個績效普遍不錯的交易系統，很可能在某特定市場中發生嚴重的虧損——這一切可能僅因為系統內設定某組參數值，而且這組數據原本是最佳參數值之一。相同系統採用數種不同的變形，這有助於減緩孤立而不正常的嚴重虧損[9]。當然，透過這類的分散操作，交易者也不能達成某特定變形的優越績效。可是，整體而言，「中庸之道」應該是理想的性質，因為交易的目標是穩定的績效而不是意外之財。

---

[9] 在前述的例子中，兩個系統所採用的交易法則幾乎完全相同，這是為了凸顯隨機事件如何造成重大的影響。可是，在實際的運用上，系統的變形之間應該具有較顯著的差異性。

再論順勢系統的普遍問題

前文中曾經討論標準順勢系統的問題，我們現在可以提出一些可能的解決辦法。表 17.2 摘要列示相關的問題與可能的解決辦法。

表 17.2

標準順勢系統的問題與可能的解決辦法

標準順勢系統的問題	可能的解決辦法
1. 太多類似的系統。	1a. 系統的設計應該避免被捲入群眾的洪流中。
	1b. 如果交易 1 口以上的契約，採用不同的價位。
2. 反覆的訊號。	2a. 採用確認條件。
	2b. 發展過濾法則。
	2c. 分散交易。
3. 不能充分利用主要的價格走勢。	3. 納入金字塔式的加碼法則。
4. 不敏感的系統可能犧牲相當程度的既有獲利。	4. 採用出場法則。
5. 在橫向走勢中無法獲利。	5. 同時採用順勢與逆勢系統。
6. 暫時性的龐大損失。	6a. 如果資金充裕，每個市場都採用兩種或以上的系統。
	6b. 採用一套新系統時，如果進場訊後需要隨後的確認，開始的交易規模不要太大。
7. 頂尖系統的績效波動非常劇烈。	7 某些高獲利潛能的系統，其風險過高而不適合單獨使用；透過分散操作，某些資金可以配置在這類的系統。
8. 測試期間的績效很理想，但實際操作卻是一場災難。	8 採用適當的測試方法，可以降低這種可能性。請參考第 20 章。
9. 參數的變動。	9a. 如果資金充裕，每種系統採用數種變形。
	9b. 嘗試根據市況調整系統的參數。
10. 滑移價差。	10. 採用合理的假設（參考第 20 章）。

❖ 18 ❖　　創意性交易系統的範例

任何系統都不能隨時適用於每一種行情。

Adam Smith

　　前一章曾經討論兩個基本交易系統的範例——移動平均與突破。這一章將討論數種創意性的交易系統，它們採用第 6 章的某些型態。雖然這些系統法則都可以做為完全自動化的交易策略，但本章的目的並不是提供特定的交易系統，而是說明技術性的概念如何能夠被引用於機械性的交易系統內。深入研究這些例子，可以讓讀者瞭解如何自行設計交易系統，而這正是本章的宗旨所在。

為何透露天機？

　　我相信很多讀者心中一定充滿疑問：我為什麼願意在一本書中透露創新性交易系統的奧秘，而這些系統通常可以賣好幾百塊，甚至好幾千塊？如果我願意在一本「非暢銷性」的書中透露這些交易系統，它們還能夠好到什麼程度？一位商品交易顧問採用交易系統管理相當龐大的資金（目前是 7,000 萬美金），我為什麼願意透露自己的交易系統，而且幾乎不收任何

代價？難道我不擔心這些系統受到廣泛運用之後，將影響它們的未來績效？

　　這些都是合理而公平的質疑。基本的答案很簡單，本章所討論的系統都已經被「擱置」──換言之，它們的報酬／風險結構遠不如我所設計的其他系統，我不打算運用它們。這並不代表這些系統都毫無價值。事實上，我相信它們或許優於市面上的許多昂貴系統。另外，經過修正與改良之後，我相信本章所討論的方法可以做為交易系統的核心策略，架構一套有效的電腦化系統。最後，正如先前所做的解釋，本章僅是利用一些明確的例子來說明交易系統的設計方法。

長線形的系統

基本觀念

　　長線形（wide-range day）是指當天的真實區間[1]（true range）遠超過最近的交易區間。長線形的重要性來自於它們所蘊含的劇烈價格波動。一般來說，行情的發展最初會延續長線形的走勢，並穿越長線形的端點。可是，如果行情最初是延續而穿越長線形的端點，稍後又反轉而穿越另一側的端點，這種走勢也有重要的意義。

---

[1] 真實區間是真實高價減去真實低價。真實高價是當天高價或前一天收盤價的較高者，真實低價是當天低價或前一天收盤價的較低者。（真實高價與真實低價的相關定義，請參考第 3 章。）

　　目前這套系統是根據長線形來定義交易區間。當收盤價
向上或向下穿越交易區間，則視為是訊號。就最簡單的格式來
說，交易區間可以定義為長線形本身的真實區間。可是，我們
希望由更普遍的角度來定義這個交易區間，將它設定為長線形
發生前 *N1* 天到發生後 *N2* 天之間，所有真實高價與真實低價
所涵蓋的價格區間，其中 *N1* 與 *N2* 是系統參數。舉例來說，
如果 *N1=N2*=0，交易區間就定義為長線形當天的真實區間（換
言之，長線形當天真實高價與真實低價之間的區間）。如果
N1=4，*N2*=2，則這個交易區間是長線形發生前 4 天到發生後
2 天之間，真實高價與真實低價所夾的區間。

定義

長線形.　這是指價格波動率（volatility ratio, VR）超過 *k*
的線形（例如：*k*=2）。VR 等於今天真實區間除以過去 *N*
天期的真實區間（例如：*N*=10）。

價格觸發區間（Price Trigger Range，PTR）.　這是定義為
最近長線形發生前 *N1* 天到發生後 *N2* 天之間，最高真實
高價與最低真實低價所涵蓋的價格區間。請注意，唯有當
長線形發生的 *N2* 天之後，PTR 才可以定義。（如果 *N2*=0，
則長線形當天收盤之後，PTR 就可以定義。）每當發生
新的長線形，PTR 就必須重新定義（在長線形發生之後
的第 *N2* 天）。

交易訊號

買進訊號. 收盤價高於 PTR 的高點，將空頭部位反轉爲多頭部位。

賣出訊號. 收盤價低於 PTR 的低點，將多頭部位反轉爲空頭部位。

每天的核對清單

每天進行下列的核對步驟：

1. 對於空頭部位，核對今天的收盤價是否高於 PTR 的高點。若是如此，將空頭部位反轉爲多頭部位。

2. 對於多頭部位，核對今天的收盤價是否低於 PTR 的低點。若是如此，將多頭部位反轉爲空頭部位。

3. 核對最近的長線形發生之後，是否恰好經過 N2 天。若是如此，重新定義 PTR。

　　請注意，前述步驟中的核對順序非常重要；換言之，核對新的交易訊號發生在 PTR 重新定義之前。如果 PTR 在某一天重新定義，則當天的交易訊號是以原來的 PTR 爲準。如果步驟 3 擺在步驟 1 與 2 之前，每當 PTR 重新定義的日子，當天的交易訊號將以新的 PTR 爲準而產生落後的現象。舉例來說，假定持有多頭部位，系統的 N2=0，新的長線形收盤價低於前一支長線形的最低價。根據前述的步驟順序，新長線形代

表多頭部位應該反轉爲空頭部位。可是，如果先進行第 3 步驟，則不會產生交易訊號，因爲 PTR 已經重新定義，唯有當收盤價低於新長線形的低價時，才會產生交易訊號。

系統參數

N1.　　長線形發生之前的天數而涵蓋於 PTR 之內

N2.　　長線形發生之後的天數而涵蓋於 PTR 之內

k.　　長線形定義中，VR 所必須超過的數值

參數值的清單

表 18.1 中列示一些可能參數組合，讀者可以直接採用或稍做調整。

範例説明

爲了說明這套系統的運作情況，我們將交易訊號標示在糖價走勢圖中，涵蓋的期間爲 1993 年 1 月到 1995 年 4 月。請注意，我們是採用連續期貨的價格數列來提供交易訊號。請參考後續兩章的說明，交易系統通常最適合採用連續期貨的價格數列。爲了方便於觀察，每份走勢圖都有一、兩個月的重疊。

表 18.1

參 數 組 合

	k	N1	N2		k	N1	N2
1.	1.6	0	0	15.	2.0	6	3
2.	1.6	3	0	16.	2.0	0	6
3.	1.6	6	0	17.	2.0	3	6
4.	1.6	0	3	18.	2.0	6	6
5.	1.6	3	3	19.	2.4	0	0
6.	1.6	6	3	20.	2.4	3	0
7.	1.6	0	6	21.	2.4	6	0
8.	1.6	3	6	22.	2.4	0	3
9.	1.6	6	6	23.	2.4	3	3
10.	2.0	0	0	24.	2.4	6	3
11.	2.0	3	0	25.	2.4	0	6
12.	2.0	6	0	26.	2.4	3	6
13.	2.0	0	3	27.	2.4	6	6
14.	2.0	3	3				

走勢圖中顯示兩種類型的訊號：

1.　無框的訊號是將系統參數值 $N1$ 與 $N2$ 設定為零。（換言之，PTR 是定義為長線形本身的真實高價與真實低價所夾的區間。）

2.　菱形框的訊號是將系統參數值設定為 $N1=4$，$N2=2$。（換言之，PTR 是長線形發生前 4 天到發生後 2 天之間，真實高價與真實低價所夾的區間）

很多情況下，這兩組參數值所提供的訊號完全相同。 可

是，某些情況下，第二組參數值所提供的訊號比較慢，或者完全沒有發出訊號。（請注意，相反的情況絕對不會發生，因為第二組參數值定義的 PTR 絕對不小於第一組參數值。所以，如果價格穿越第二組參數的 PTR，也必定穿越第一組參數的PTR；可是，價格穿越後者，未必就會穿越前者。）

首先，讓我們觀察 N1 與 N2 都是零的情況（無框的交易訊號）。所以，暫時忽略菱形框的訊號。我們稍後再討論這兩組參數所提供的不同訊號。

請參考圖 18.1，當收盤價向上穿越 1 月 8 日長線形的高點，系統發出買進訊號。隨後發生的四支長線形，它們的 PTRs 都沒有被向下突破[2]。所以，這個系統繼續做多，直到 1993 年 5 月 18 日的長線形低價被隔天的收盤價貫穿為止（請參考圖 18.1）。就這筆交易來說，系統提供幾近於完美的訊號，在 1993 年 1 月份的底部附近買進，在 1993 年 5 月的峰位附近反轉為空頭部位。

系統繼續持有 1993 年 5 月份建立的空頭部位，直到第一個收盤價向上穿越最近長線形的 PTR 為止，這發生在 1993 年 9 月 13 日，當天的收盤價穿越 1993 年 8 月 12 日的長線形高價（請參考圖 8.12）。同樣地，這筆交易的訊號也相當完美，

---

[2] 另外，請注意 3 月份發生的第二支長線形，雖然隨後有好幾天的收盤價都低於該長線形的低價，但沒有低於該天的真實低價。（PTR 是利用真實高價與真實低價來定義，因為這兩個水準所夾的區間——真實區間——較傳統的區間更能夠反映價格波動程度。）

圖 18.1

長線形系統，走勢圖 1：
糖連續期貨

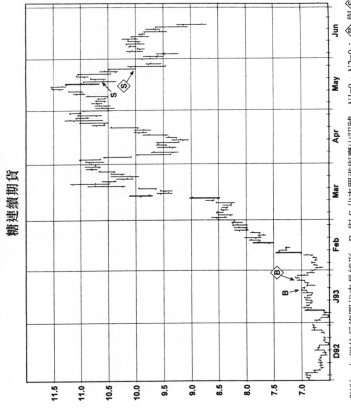

附註：加粗的長條圖代表長線形。B 與 S 代表長線形。B 與 S 代表買進與賣出訊號，$N1=0$、$N2=0$；ⒷⒼ 與 Ⓢ 代表買進與賣出訊號，$N1=4$、$N2=2$。

長線形系統，走勢圖 2：
糖連續期貨

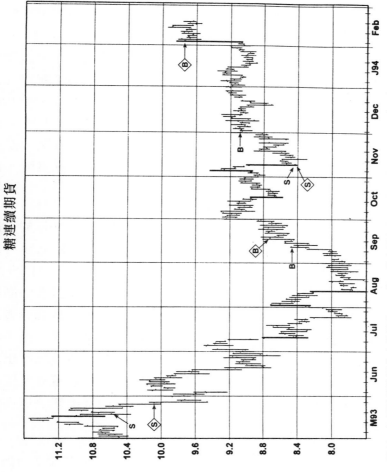

附註：加粗的長條圖代表長線形。B 與 S 代表買進與賣出訊號。B 代表買進與賣出訊號，N1=0，N2=0：⑧ 與 ⑨ 代表買進與賣出訊號，N1=4，N2=2。

放空的位置很接近 1993 年 5 月的頭部，反轉做多的價位也很接近 1993 年 8 月的低點。

1993 年 11 月 4 日長線形（這也是 11 月份的相對高點）的低價三天之後被突破，系統發出賣出訊號（參考圖 18.2）。請注意，引發訊號的線形本身也是長線形。這個例子可以說明核對順序的重要性，核對交易訊號必須在 PTR 的重新定義之前。如果核對的順序顛倒，賣出訊號必須延後三天，直到 1993 年 11 月 9 日的長線形本身被貫穿。結果，1993 年 11 月 9 日的賣出訊號造成一筆反覆的交易，因為幾個星期之後的收盤價高於這支長線形的真實高價，系統發出買進的反轉訊號（圖 18.2）。

次一個賣出訊號發生在 4 月份，1994 年 3 月 29 日的長線形被向下貫穿，引發訊號的線形本身也是長線形（參考圖 18.3）。請注意 PTR 的低點位置（換言之，1994 年 3 月 29 日的低價），這個賣出訊號的門檻水準距離 1994 年 3 月份的高點不遠，但訊號實際的發生位置遠低於此，因為第一個低於賣出門檻水準的收盤價很低。這筆交易與隨後的兩筆交易，結果都造成些許的反覆損失。然後，1994 年 8 月份的買進訊號出現重大的獲利（參考圖 18.3）。接著的四筆交易又連續發生反覆損失（參考圖 18.4）；最後，1995 年 3 月份的賣出訊號提供相當不錯的獲利。

請注意 1994 年 11 月 28 日的長線形，它的低價在 12 月初被向下突破而引發賣出訊號；隨後在 1995 年 1 月 13 日，它

長線形系統，走勢圖 3：
糖連續期貨

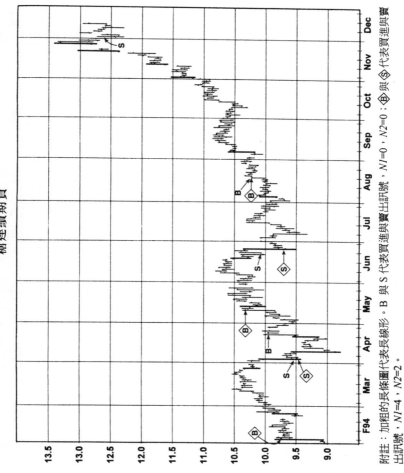

附註：加粗的長條圖代表長線形。B 與 S 代表買進與賣出訊號，N1=0，N2=0；◈ 與 ◈ 代表買進與賣出訊號，N1=4，N2=2。

圖 18.4

長線形系統，走勢圖 4：
糖連續期貨

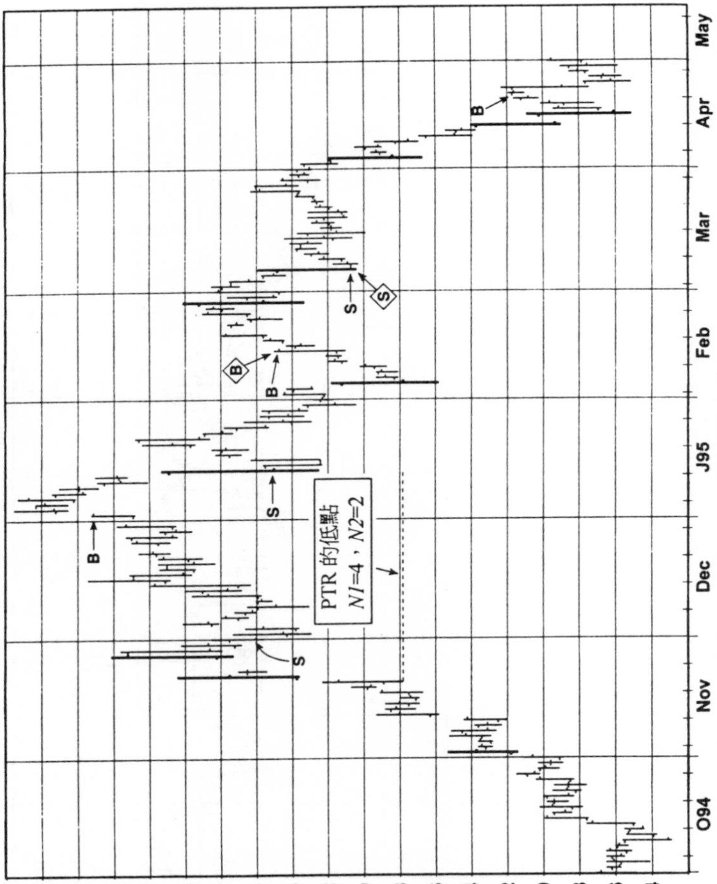

附註：加粗的長條圖代表長線形。B 與 S 代表長線形出訊號，N1=0，N2=0；俞 與 令 代表買進與賣
出訊號，N1=4，N2=2。

的低價又被向下貫穿而引發賣出訊號。所以，相同的長線形可能引發數個訊號——如果中間沒有夾著其他的長線形。

其次，我們將觀察第二組參數（ $N1$=4， $N2$=2）的情況，比較它們與第一組參數（ $N1$=0， $N2$=0）的差異。請注意，第二組參數在 1993 年 1 月份所提供的買進訊號比較遲（圖 18.1），因為 $N2$=2 的 PTR 高價大於 $N2$=0 的 PTR 高價。另外，1993 年 5 月的賣出訊號也比較遲，因為當第一組參數提供賣出訊號時，第二組參數的 PTR 還沒有定義（它的定義時間是在最近長線形發生之後的 2 天）。

第二組參數在 1993 年 9 月份所發出的買進訊號也比較遲（圖 18.2），因為 $N1$=4 定義的 PTR 高價比較高。基於相同的理由，第二組參數在 1994 年 2 月 3 日提供的買進訊號明顯落後，因為第一組參數的對應買進訊號發生在 1993 年 12 月 1 日，兩者相差兩個月（圖 18.2）。如同 1993 年 5 月份的賣出訊號一樣（圖 18.1），由於 $N2$=2 造成 PTR 的定義延遲，相對於第一組參數的 1994 年 4 月份買進訊號與 1994 年 6 月份賣出訊號來說，第二組參數的對應訊號都落後（圖 18.3）。

在前述的六個情況中，第二組參數所造成的延遲都使得進場價位相對不利。這是很合理的現象，因為第二組參數的 $N1$ 與 $N2$ 都比較大，它們所定義的 PTR 也比較寬，只要某支長線形所定義的兩組 PTRs 都引發交易訊號，第二組參數的買進價位一定不會比較低，賣出價位不會比較高。

讀者或許會提出一項質疑，我們為什麼需要採用非零的 $N1$

與 $N2$，因為它們一定會造成訊號延遲而進場價位相對不利於 $N1$ 與 $N2$ 等於零的情況。理由很簡單，非零 $N1$ 與 $N2$ 所定義的較寬 PTR 可能過濾一些虧損的訊號。舉例來說，請觀察圖 18.4 中的虛線部分，這是 $N1=4$ 與 $N2=2$ 定義的 PTR 低點，由於這個低點遠低於第一組參數所定義的對應 PTR 低點，所以能夠避開 1994 年 12 月 1 日的賣出訊號。由於沒有建立空頭部位，第二組參數也得以避開 1995 年 1 月 3 日的買進訊號。

就目前這個例子的整體結果來說，第二組參數（$N1=4$ 與 $N2=2$）因為進場價格不利而產生的負面效果，大於它過濾虧損交易所帶來的效益。可是，在一般的情況下，結果未必如此。

此處需要強調一點，我們挑選這個例子是為了說明長線形系統的操作情況，不是凸顯系統的最佳層面。所以，例子中包括重大的獲利與反覆訊號的損失。請注意，如果我們把交易的期間侷限在 1993 年 1 月到 1993 年 10 月之間──系統是在最低點附近買進，然後在頭部附近放空，最後又在底部買進──這套系統看起來就像「萬靈的聖杯」，不是嗎？這類的例子在一般的書籍、雜誌與廣告中實在太普遍了。我們稍後會進一步討論這個問題，請參考第 20 章的「精選範例」一節。

奔騰日突破系統

基本觀念

向上與向下奔騰日（run days）的定義請參考第 6 章。根據第 6 章的說明，奔騰日經常發生在強勁的趨勢中。在目前的系統中，如果收盤價高於先前某特定支數之向下奔騰日的最高真實高價，代表買進反轉訊號。同理，如果收盤價低於先前某特定支數之向上奔騰日的最低真實低價，代表賣出反轉訊號。這套系統的基本觀念如下：如果價格能夠逆向收在先前 1 支或多支強勁趨勢線形的端點對側，代表趨勢已經發生反轉。

交易訊號

買進訊號. 每當下列兩個條件成立，反轉為多頭部位：

1. 收盤價高於先前 $N2$ 支向下奔騰日的最高真實高價。（請注意，此處僅考慮奔騰日本身的真實高價，不涉及期間內的其他真實高價。）

2. 最近的奔騰日是向上奔騰日。（如果沒有第 2 個條件，第 1 個條件有時候會自動反轉回空頭部位。）

賣出訊號. 每當下列兩個條件成立，反轉為空頭部位：

1. 收盤價低於先前 $N2$ 支向上奔騰日的最低真實低價。（請注意，此處僅考慮奔騰日本身的真實低價，不涉及期間內的其他真實低價。）

2. 最近的奔騰日是向下奔騰日。（如果沒有第 2 個條件，第 1 個條件有時候會自動反轉回多頭部位。）

每天的核對清單

每天進行下列的核對步驟：

1. 核對今天之前第 $N1$ 天的線形是否可以被定義為向上或向下奔騰日[3]。（奔騰日唯有在發生之後的第 $N1$ 天才能被定義。）紀錄所有的奔騰日，以及它們的真實高價與真實低價。

2. 對於空頭部位，核對今天收盤價是否高於先前 $N2$ 支向下奔騰日的最高真實高價。若是如此，核對最近的奔騰日是否是向上奔騰日。若是如此，將空頭部位反轉為多頭部位。

3. 對於多頭部位，核對今天收盤價是否低於先前 $N2$ 支向上奔騰日的最低真實低價。若是如此，核對最近的奔騰日是否是向下奔騰日。若是如此，將多頭部位反轉為空頭部位。

---

[3] 某一天的線形可能同時屬於向上與向下奔騰日。在下列的情況下，將發生這類罕見的線形：某天的真實高價高於 $N1$ 天之前與之後期間的真實高價，而真實低價也低於 $N1$ 天之前與之後期間的真實低價。如果線形同時符合向上與向下奔騰日的定義，則不視為是奔騰日。

系統參數

N1. 這是奔騰日定義的參數。舉例來說,如果 *N1*=3,某天的線形必須符合下列條件才是向上奔騰日:真實高價高於先前 3 天的最高真實高價,真實低價低於隨後 3 天的最低真實低價。

N2. 這代表先前向下奔騰日線形的支數,藉以計算它們的最高真實高價,如果收盤價高於此最高價,代表買進訊號。(另外,這也代表先前向上奔騰日線形的支數,藉以計算它們的最低真實低價,如果收盤價低於此最低價,代表賣出訊號。)

參數值的清單

表 18.2 中列示一些可能參數組合,讀者可以直接採用或稍做調整。

範例說明

為了說明奔騰日突破系統的運作,我們在圖 18.5~18.9 中標示系統的買進與賣出訊號,參數值設定為 *N1*=5,*N2*=4。向上奔騰日標示為向上的箭頭,向下奔騰日標示為向下的箭頭。收盤價高於最近四支向下奔騰日最高真實高價,引發 1992 年 12 月份的買進訊號(圖 18.5)。請注意,這個買進訊號也滿足

表 18.2

參 數 組 合

	N1	N2
1.	3	2
2.	3	3
3.	3	4
4.	3	5
5.	5	2
6.	5	3
7.	5	4
8.	7	2
9.	7	3
10.	7	4

第二個條件——最近的奔騰日是向上奔騰日。

乍看來，1993 年 5 月中旬的低點收盤價應該是賣出訊號
（圖 18.5）。收盤價低於最近四支向上奔騰日的最低真實低價，
而且最近的奔騰日是向下奔騰日。可是，最後這個條件是事後
才滿足。當收盤價相對低點發生時，最近符合定義的奔騰日是
1993 年 5 月 4 日的向上奔騰日。請注意，奔騰日唯有在 N1 天
（5 天）之後才能夠被定義。當 1993 年 5 月份第一支向下奔
騰日被定義的時候，圖形中的隨後收盤價都高於最近四支向上
奔騰日的最低真實低價。

事實上，賣出訊號發生在 1993 年 11 月 2 日（圖 18.6），
相當於是買進訊號發生之後的 10 個月時間，公債價格出現 16
大點的走勢（每口契約價值$16,000）。就目前的例子來說（市

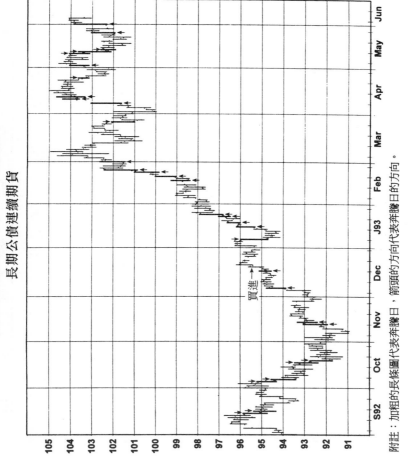

圖 18.5
奔騰日突破系統（N2=4），走勢圖 1：
長期公債連續期貨

附註：加粗的長條圖代表奔騰日，箭頭的方向代表奔騰日的方向。

圖 18.6

奔騰日突破系統（$N2=4$），走勢圖 2：

長期公債連續期貨

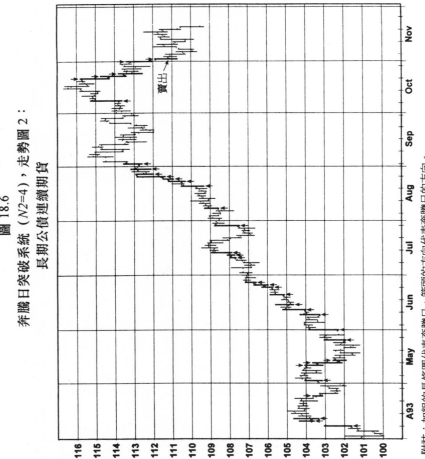

附註：加粗的長條圖代表奔騰日，箭頭的方向代表奔騰日的方向。

場／期間／參數組合），這套系統的表現實在非常理想，掌握
將近三分之二的走勢，中間沒有夾著任何的虧損交易。可是，
請注意，如果選擇較低的 N2（換言之，1、2 或 3），在這段 1992
年底~1993 年底的大多頭行情中，至少有一個假訊號。

　　1993 年 11 月建立的空頭部位平倉於 1994 年 1 月，沒有
發生什麼盈虧（圖 18.7）。請注意，乍看之下，1994 年 1 月份
的買進訊號似乎標示得太遲，價格也太低，這也是因為最近的
向上奔騰日是定義於 1 月份峰位發生之後。圖形中所標示的買
點是 1994 年 1 月份的第一個適用收盤價，它高於最近四支向
下奔騰日的最高真實高價，而且最近一個具有定義的奔騰日是
向上奔騰日。

　　這個多頭部位大約在一個月之後反轉，發生些許的虧損
（圖 18.7）。請注意，這個賣出訊號所根據的四支向上奔騰日
需要回溯到半年之前，中間夾著許多向下奔騰日（圖 18.6 與
18.7）。這個賣出訊號也帶來重大的獲利，空頭部位的持有期
間很長，包括：1994 年 2 月~3 月的跌勢、4 月~8 月的橫向走
勢與 9 月~10 月的跌勢（圖 18.7 與圖 18.8）。最後，這個部位
在十個月之後反轉，獲利超過 11 大點（圖 18.8）。反轉之後的
多頭部位歷經很長的一段漲勢，截至目前為止還沒有結束（圖
18.9）。

　　在這 3½年的期間內，這套系統的績效非常理想，取得三
筆重大的獲利，一筆中等程度的損失，以及一筆大約持平的交
易。可是，請注意，讀者不能根據這個單一市場／單一參數組

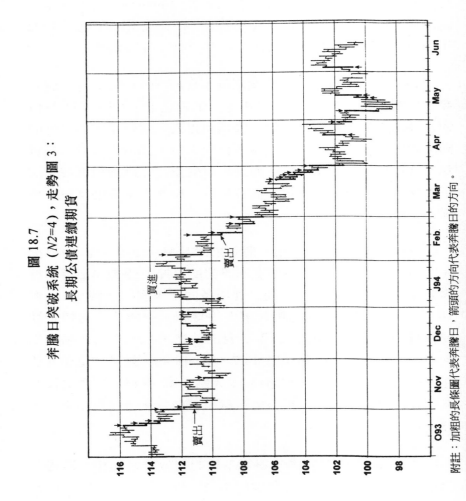

圖 18.7
奔騰日突破系統（N2=4），走勢圖圖 3：
長期公債連續期貨

附註：加粗的長條圖代表奔騰日，箭頭的方向代表奔騰日的方向。

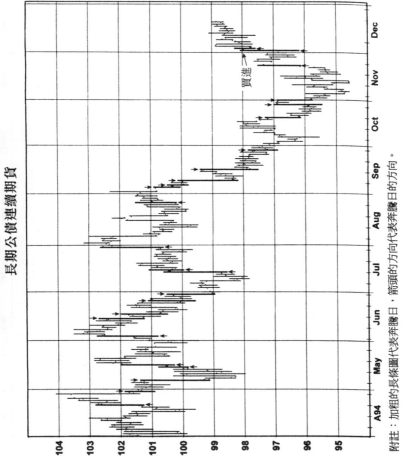

圖 18.8
奔騰日突破系統（N2=4），走勢圖 4：
長期公債連續期貨

附註：加粗的長條圖代表奔騰日，箭頭的方向代表奔騰日的方向。

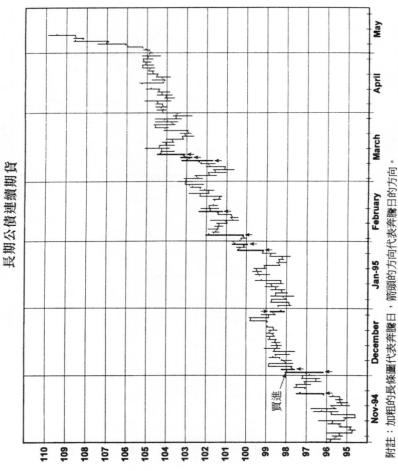

圖 18.9

奔騰日突破系統（N2=4），走勢圖 5：

長期公債連續期貨

附註：加粗的長條圖代表圖代表奔騰日，箭頭的方向代表奔騰日的方向。

合來概論這套交易系統的普遍績效。一般而言，這套系統的表現絕對不如目前的這個例子。舉例來說，如果 *N2* 設定爲 3 而不是 4，將產生兩筆反覆的損失（圖 18.10 與 18.11 分別對應圖 18.6 與 18.8）。

奔騰日連續計數系統

基本觀念

這套系統也是採用奔騰日爲基礎來提供訊號。在目前的系統中，我們僅考慮某特定支數的向上（向下）奔騰日而中間不夾雜著向下（向上）奔騰日。

定義

向上與向下奔騰日的定義請參考第 6 章。另外，這套系統還採用下列的定義。

買進計數. 每當賣出訊號發生之後，開始進行買進計數。計數由零開始，每發生一支新的向上奔騰日，計數就增加1。如果發生向下奔騰日，計數由零重新開始。事實上，這是計算中間不夾雜著向下奔騰日的向上奔騰日線形支數。當買進訊號發生之後，停止買進計數。

賣出計數. 每當買進訊號發生之後，開始進行賣出計數。

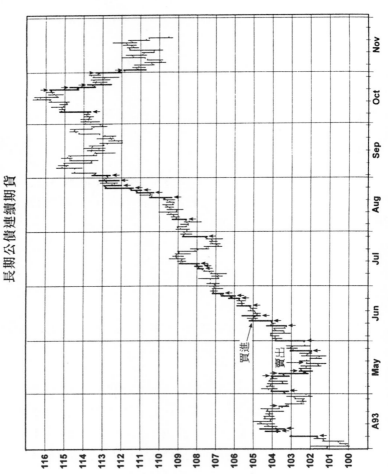

圖 18.10

奔騰日突破系統（$N2=3$），走勢圖 1：

長期公債連續期貨

附註：加粗的長條圖代表奔騰日，箭頭的方向代表奔騰日的方向。買進與賣出訊號是 $N2=3$ 所提供的訊號，而 $N2=4$ 沒有產生對應的訊號。

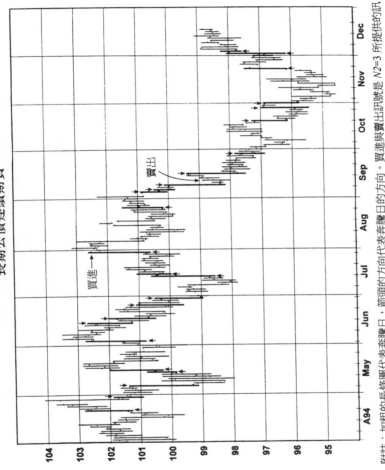

奔騰日突破系統（*N2=3*），走勢圖 2：
——長期公債連續期貨

附註：加粗的長條圖代表奔騰日，箭頭的方向代表奔騰日的方向。買進與賣出訊號是 *N2=3* 所提供的訊號而 *N2=4* 沒有產生對應的訊號。

計數由零開始，每發生一支新的向下奔騰日，計數就增加 1。如果發生向上奔騰日，計數由零重新開始。事實上，這是計算中間不夾雜著向上奔騰日的向下奔騰日線形支數。當賣出訊號發生之後，停止賣出計數。

交易訊號

買進訊號. 每當買進計數到達 $N2$，反轉為多頭部位。請注意，買進訊號是發生在第 $N2$ 個連續向上奔騰日之後的第 $N1$ 天。（「連續」是指買進計數的向上奔騰日之間不得出現向下奔騰日）。

賣出訊號. 每當賣出計數到達 $N2$，反轉為空頭部位。請注意，賣出訊號是發生在第 $N2$ 個連續向下奔騰日之後的第 $N1$ 天。（「連續」是指賣出計數的向下奔騰日之間不得出現向上奔騰日）。

每天的核對清單

每天進行下列的核對步驟：

1. 核對今天之前第 $N1$ 天的線形是否可以被定義為向上或向下奔騰日（請參考註腳 3）。（奔騰日唯有在發生之後的第 $N1$ 天才能被定義。）如果該天是向上奔騰

日，空頭部位的買進計數增加 1，否則多頭部位的賣出計數重新設定爲零。(由於系統始終持有多頭或空頭部位，所以賣出計數或買進計數之中必定有一者處於計數狀態)。如果該天是向下奔騰日，多頭部位的賣出計數增加 1，否則空頭部位的買進計數重新設定爲零。

2. 對於買進計數，核對買進計數是否已經達到 N2。若是如此，回補空頭部位而建立多頭部位，結束買進計數而開始賣出計數。

3. 對於賣出計數，核對賣出計數是否已經達到 N2。若是如此，賣出多頭部位而建立空頭部位，結束賣出計數而開始買進計數。

系統參數

N1.　這是奔騰日定義的參數。

N2.　提供交易訊號所需要的連續奔騰日線形支數。

參數值的清單

表 18.3 中列示一些可能參數組合，讀者可以直接採用或稍做調整。

表 18.3

參 數 組 合

	N1	*N2*
1.	3	1
2.	3	2
3.	3	3
4.	3	4
5.	5	1
6.	5	2
7.	5	3
8.	7	1
9.	7	2
10.	7	3

範例說明

圖 18.12~18.16 說明奔騰日連續計數系統的運作情況，其中 *N1*=5，*N2*=3。換言之，每發生三支連續的向下奔騰日線形，系統由多轉空；每發生三支連續的向上奔騰日線形，系統由空轉多。（所謂「連續」是指中間不夾雜著反向的奔騰日。）請注意，當第三支連續奔騰日線形發生，實際的訊號將發生在第 5 天的收盤，因為奔騰日在發生之後的第 *N1* 天（5 天）才具有定義。

第一個賣出訊號——發生在 1992 年 10 月份——距離次一個月的主要低點不遠（圖 18.12）。這個部位於兩個月之後反轉，發生中等程度的損失（圖 18.12）。1992 年 12 月的買進訊

圖 18.12

奔騰日連續計數系統，走勢圖 1：

長期公債連續期貨

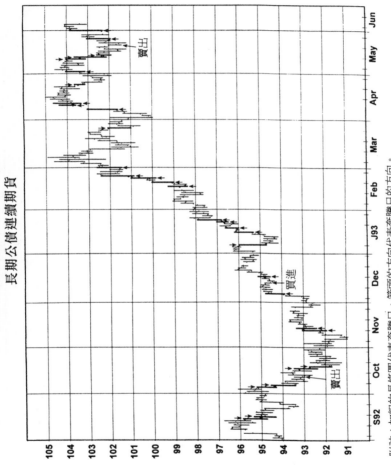

附註：加粗的長條圖代表奔騰日，箭頭的方向代表奔騰日的方向。

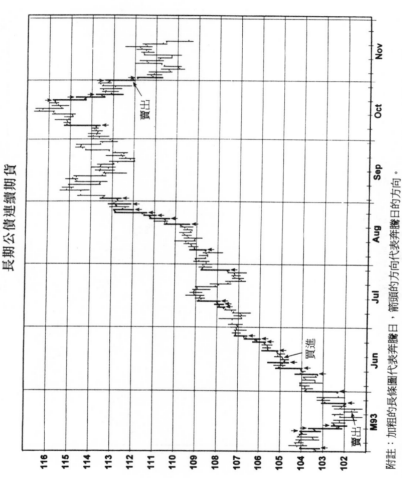

圖 18.13

奔騰日連續計數系統，走勢圖 2：
長期公債連續期貨

附註：加粗的長條圖代表奔騰日，箭頭的方向代表奔騰日的方向。

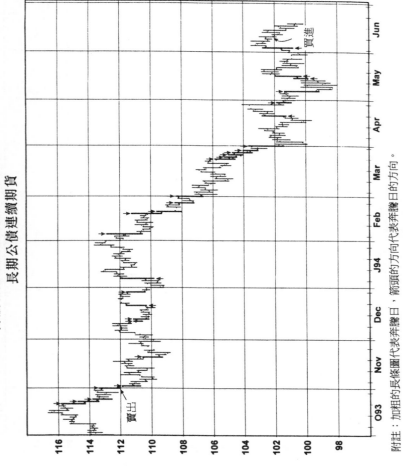

圖 18.14

奔騰日連續計數系統，走勢圖 3：

長期公債連續期貨

附註：加粗的長條圖代表奔騰日，箭頭的方向代表奔騰日的方向。

圖 18.15

奔騰日連續計數系統，走勢圖圖 4：

長期公債連續期貨

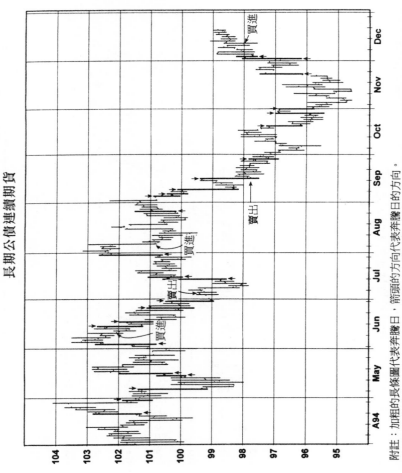

附註：加粗的長條圖代表奔騰日，箭頭的方向代表奔騰日的方向。

圖 18.16

奔騰日連續計數系統，走勢圖 5：

長期公債連續期貨

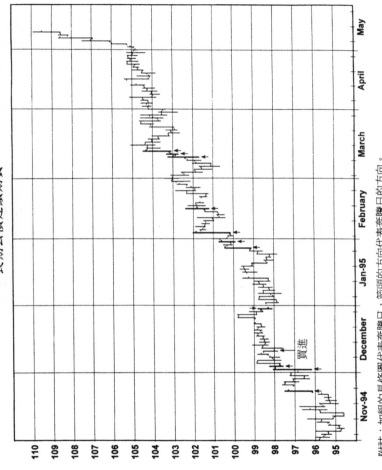

附註：加粗的長條圖代表奔騰日，箭頭的方向代表奔騰日的方向。

號帶來重大的獲利，但反轉的位置發生在 1993 年 5 月份的最低點附近（圖 18.12 與 18.13）。

1993 年 5 月份的賣出訊號非常不理想，但不久之後就在 1993 年 6 月反轉爲多頭部位，結果造成中等程度的損失（圖 18.13）。在隨後的多頭行情中，系統始終持有多頭部位，直到 1993 年 10 月份峰位發生之後的兩個星期——11 月 1 日——進行反轉（圖 18.13）。請注意，1993 年 11 月的賣出訊號似乎發生在第四個向下奔騰日，實際上當天是第三個向下奔騰日獲得定義的日子。

1993 年 11 月的賣出訊號又帶來另一筆重大的獲利，掌握 1994 年 5 月份低點之前的整段跌勢，並在 1994 年 6 月反轉爲多頭部位（圖 18.14）。這筆交易與隨後的兩筆交易都發生在橫向走勢之中，造成輕微到中等程度的損失（圖 18.15）。這段橫向走勢結束的時間恰好配合 1994 年 9 月份的賣出訊號，9 月份建立的空頭部位在 1994 年 12 月反轉，大約處於持平狀態（圖 18.15）。1994 年 12 月份建立的最後一個多頭部位，掌握隨後發生的一大段漲勢（圖 18.16）。

結論

本章提出一些頗具創意的系統。如同前文的說明，雖然這些系統的運作績效都還可以接受，但讀者或許願意根據它們進行修正，利用這些系統的觀念做爲基礎而設計更複雜的方

法。可是,本章的宗旨並不在於提供明確的交易系統,而是說
明基本的圖形排列如何運用於交易系統。如何透過本書中所討
論的技術型態與分析觀念來建構交易系統,唯一的限制僅在於
讀者的想像力。

❖ 19 ❖ 挑選電腦測試的最佳期貨價格數列

垃圾進去，垃圾出來。

無名氏

當系統使用者希望測試某種看法時，經常會遭遇一個重要的難題：期貨契約的壽命有限。在股票市場中，整個測試期間都是由相同的股票提供價格數列；期貨市場則不同，每個市場都是由一系列短暫的契約構成。許多專業論文中都提出這個問題的解決辦法，也引起廣泛的討論。可是，這些過程造成相當大的混淆，許多相同的名詞代表不同的價格數列。更糟者，這個主題存在太多錯誤的資訊，使得許多市場參與者相信地球是平的。

價格數列基本上有四種型態可供運用。以下將討論它們的定義、優點與缺點。

實際契約的數列

　　表面上看起來，實際契約應該可以提供最理想的價格數列。可是，這種方法有兩個主要的問題。首先，如果你打算在一段有意義的期間內測試一套系統，每個市場都需要許多個別契約的價格數列。舉例來說，15 年的測試期間大約需要 60~90 個不同的個別契約價格數列。另外，如果運用個別契約的價格數列，需要透過某種演算法來決定展延點的行動。由於這個問題，某套系統可能在舊契約中持有多頭部位而在新契約中持有空頭部位，反之亦然。當然，這個問題還是可以解決，但這會讓整個運作過程變得非常繁瑣。

　　可是，過程繁瑣並不是實際契約價格數列的最大問題。這種方法的最大缺點，是個別契約僅能夠在很短的期間內提供足夠的流動性──較原本有限的契約期間更短。如果我們觀察任何期貨契約到期一年之前的交易狀況，就可以瞭解這種問題的嚴重性。對於大多數市場來說，在契約到期的六到八個月之前，交易非常稀少，甚至完全不存在。第 12 章已經討論這個問題（圖 12.1~12.3）。由於個別契約的高流動性交易期間非常有限，這意味著任何技術系統或方法若需要採用六個月以上的價格資料──長期的系統都是如此──就不能採用個別契約的價格數列。所以，除了短期系統的交易者之外，這類的價格數列完全不適用。這已經不是操作困難的問題，而是根本不可能──因為所需要的資料不存在。

最近期貨的數列

　　由於前述的個別契約數列存在無法克服的問題，所以需要透過各種方法來銜接價格數列。最常用的一種方法是所謂的「最近期貨」（nearest futures）。這種價格數列是取最近交割月份契約的價格，當契約到期之後，轉而採用次一交割月份的契約（換言之，當時的最近交割月份契約），依此類推。這種方法或許可以建構長期價格走勢圖而供圖形分析之用，但完全不適用於交易系統的電腦測試。

　　最近期貨數列的問題是契約展延之間的價格跳動缺口——缺口的幅度通常很大。舉例來說，假定玉米的 7 月份到期價格為$3.00，次一交割月份契約（9 月份）當天的收盤價為$2.50。隔天，假定 9 月份契約漲停板，價格由$2.50 上漲為$2.62。最近期貨價格數列對於這兩天所顯示的價格將是：$3.00 與$2.62。換言之，價格數列上顯示 38 美分的損失，但多方的獲利（或空方的損失）實際上是 12 美分的漲停。這個例子絕對不是誇張或渲染，我們在走勢圖中隨處可以發現這類不存在的價格跳動。另外，即使單一展延點的價格跳動並不嚴重，但持續銜接契約所造成的累積效果，將嚴重扭曲任何的電腦測試。

　　當然，很少交易者會如此無知而拿最近期貨價格數列來進行電腦測試。如果電腦測試希望利用單一的價格數列，可以透過下列兩種方法來銜接契約。

固定期間的遠期數列（永續數列）

這是由固定期間的遠期報價所構成的價格數列（又稱為「永續數列」[perpetual series]）。銀行間外匯市場與「倫敦金屬交易所」的報價都是固定遠期期間數列的典型例子。舉例來說，在瑞士法郎的三個月期遠期價格數列中，每天的價格都代表當天起算三個月之後的遠期價格。這不同於美國的標準期貨契約，後者都是採用固定的到期日。

透過向內插補（interpolation），期貨價格可以轉換為固定期間的遠期價格。舉例來說，假定我們希望計算 90 天期的遠期價格，如果今天起算的第 90 天是位在最近兩個期貨契約到期日之間的三分之一處，則今天的 90 天期遠期價格是取下列兩個數值的加總：最近交割月份價格的三分之二與次一交割月份價格的三分之一。隨著時間的經過，最近交割月份價格的權數將減少，而次一交割月份價格的權數將按比例增加。最後，當最近交割月份契約到期之後，向內插補的程序將根據次兩個交割月份的契約為準。

讓我們利用實際的數據來說明，假定我們希望根據瑞士法郎期貨契約建立 100 天期的遠期價格數列。瑞士法郎期貨的契約月份是 3 月份、6 月份、9 月份與 12 月份。假定今天是 1 月 20 日，目前起算的第 100 天是 4 月 30 日。這一天是落在 3 月份契約與 6 月份契約的到期日之間。假定這兩份契約的最後交易日分別是 3 月 14 日與 6 月 13 日。所以，4 月 30 日是位在 3 月 14 日之後的 47 天，位在 6 月 13 日之前的 44 天。在 1 月 20 日，100 天期遠期價格是 3 月份契約與 6 月份契約當天

（1 月 20 日）價格的加權平均值，權數是取對調距離的比例。所以，在 1 月 20 日，如果 3 月份契約的收盤價是 51.04，6 月份契約的收盤價是 51.77，100 天期遠期數列的收盤價是：

$$\frac{44}{91}(51.04) + \frac{47}{91}(51.77) = 51.42$$

計算相關權數的一般性公式如下：

$$W_1 = \frac{C_2 - F}{C_2 - C_1} \qquad W_2 = \frac{F - C_1}{C_2 - C_1}$$

其中　C_1 = 目前距離最近交割月份契約到期的天數

　　　C_2 = 目前距離次一交割月份契約到期的天數

　　　F = 遠期價格的固定期間（天數）

　　　W_1 = 最近交割月份契約價格的權數

　　　W_2 = 次一交割月份契約價格的權數

所以，如果我們希望計算 3 月 2 日的 100 天遠期價格，則 3 月份與 6 月份契約價格的權數將分別是：

$$3 \text{ 月份契約報價的權數} = \frac{103 - 100}{103 - 12} = \frac{3}{91}$$

$$6 \text{ 月份契約報價的權數} = \frac{100 - 12}{103 - 12} = \frac{88}{91}$$

　　隨著時間經過，最近契約月份的權數將愈來愈小，次一交割月份的權數降按比例而增大。當遠期價格的固定期間等於次一交割月份的到期期間（這個例子是 100 天），遠期價格將等於次一交割月份（6 月份）的價格。隨後的遠期價格將是 6 月份契約與 9 月份契約價格的加權平均值。依此方式，我們可以繼續推演價格數列。

　　相對於最近期貨數列來說，固定期間的遠期價格數列可以克服展延點的價格跳動，這顯然是很大的改進。可是，這種數列還是存在重大的缺失。首先，我們畢竟不可能實際根據遠期價格數列進行交易，因為這個數列並不對應市場上實際存在的價格。另外還有一個更嚴重的問題，遠期價格數列不能反映實際期貨契約因為時間經過所造成的折價或溢價蒸發效果。這個缺失會造成重大的扭曲——尤其是持有成本很高的市場。

　　讓我們舉例說明這點。假定黃金現貨在一整年之內都大約維持$400／盎司的價位，而期貨契約每隔兩個月的溢價固定為 1.0%。在這種情況下，期貨將處於穩定的下降趨勢中，一年的價格將下跌$24.60／盎司[1]（相當於每口契約$2,460，這是持有成本溢價的累積數值）。可是，請注意，固定期間的遠期價格完全不會反映這種空頭趨勢，因為它將呈現大約固定的價格。以兩個月期的遠期價格數列來說，價格大約都維持在$404／盎司的水準（$400×1.01=$404）。所以，固定期間遠期價格

---

[1] 根據假定，一年之後到期的期貨契約價格是$424.60（$1.01^6 \times \$400 = \$424.60$），但到期價格將收斂為現貨價格（$400）。

數列很可能顯著偏離實際交易的情況——非常不理想的性質。

連續期貨（價差調整）的數列

　　價差調整的期貨數列（我們所謂的「連續期貨」[continuous futures]）可以避免契約展延的價格跳動。事實上，連續期貨價格可以精確反映期貨部位的淨值變動，如果該部位繼續持有最近交割契約，並在最後交易日的 N 天之前展延為次一交割月份的契約，其中 N 是價格數列的參數。當然，交易者會根據自己實際的交易情況來設定 N 值。舉例來說，如果交易者通常都在最後交易日之前 20 天將契約展延為次一月份契約，則 N 可以設定為 20。另外，連續期貨數列的刻度將進行調整，讓目前的讀數對應目前的最近交割月份價格。

　　表 19.1 是利用黃金市場為例子，說明連續期貨價格的建構方法。為了解釋上的方便起見，這個例子僅引用兩個契約月份（6 月份與 12 月份）；可是，實際運用上，連續期貨可以採用任何個數的契約月份。以 COMEX 交易的黃金期貨來說，連續期貨價格可以採用 2 月份、4 月份、6 月份、8 月份、10 月份與 12 月份的契約。

　　我們暫時不考慮表 19.1 最後一欄的數據，專心處理第 6 欄的未調整連續期貨價格。剛開始的時候，實際價格即是未調整的連續期貨價格。在第一個展延點，遠月份（1992 年 12 月份）相對於近月份的溢價是$5.90。隨後，1992 年 12 月份契

表 19.1
利用 6 月份與 12 月份黃金價格
建構連續期貨價格數列（美元／盎司）*

(1)	(2)	(3)	(4)	(5)	(6)	(7)
日期	契約	實際價格	展延價差（相對於次一交割月份）	累積調整因子	未調整連續期貨 (3)+(5)	調整後連續期貨 (6)+30.70
5/27/92	1992年6月	338.20			338.20	368.90
5/28/92	1992年6月	337.00			337.00	367.70
5/29/92	1992年6月	336.40			336.40	367.10
6/1/92	1992年12月	343.60	-5.90	-5.90	337.70	368.40
6/2/92	1992年12月	345.20		-5.90	339.30	370.00
．．．．						
11/27/92	1992年12月	334.00		-5.90	328.10	358.80
11/30/92	1992年12月	334.30		-5.90	328.40	359.10
12/1/92	1993年6月	339.00	-4.10	-10.00	329.00	359.70
12/2/92	1993年6月	339.80		-10.00	329.80	360.50
．．．．						

5/27/93	1993 年 6 月	381.40		−10.00	371.40	402.10
5/28/93	1993 年 6 月	378.30		−10.00	368.30	399.00
6/1/93	1993 年 12 月	374.70	−5.60	−15.60	359.10	389.80
6/2/93	1993 年 12 月	374.10		−15.60	358.50	389.20
• • • •						
11/29/93	1993 年 12 月	369.40		−15.60	358.80	384.50
11/30/93	1993 年 12 月	369.80		−15.60	354.20	384.90
12/1/93	1994 年 6 月	380.30	−5.80	−21.40	358.90	389.60
12/2/93	1994 年 6 月	379.30		−21.40	357.90	388.60
• • •						
5/27/94	1994 年 6 月	384.70		−21.40	363.30	394.00
5/31/94	1994 年 6 月	387.10		−21.40	365.70	396.40
6/1/94	1994 年 12 月	392.70	−9.30	−30.70	362.00	392.70
6/2/94	1994 年 12 月	393.20		−30.70	362.50	393.20

* 假定在契約月份前一個月的最後一天進行展延。

約價格都向下調整這個金額（加上負數的近月份／遠月份價差），這即是第 6 欄中的未調整連續期貨價格。在次一個展延點，遠月份（1993 年 6 月份）相對於近月份（1992 年 12 月份）的溢價是$4.10。因此，1993 年 6 月份契約隨後的所有實際交易價格都必須根據累積調整因子——展延價格跳動的總值（−$10.00）——進行調整，藉以避免受到展延點價格跳動的扭曲。累積調整因子列示於第 5 欄。未調整連續期貨價格即是實際價格加上累積調整因子。

前述的程序繼續進行，直到目前的日期為止。在這個時候，將第 6 欄所有的未調整連續價格減去累積調整因子的最後數據（負值），這可以讓數列的目前讀數等於目前最近交割月份契約（1994 年 12 月份）的價格，但不會影響價格數列曲線的整體形狀。如此調整之後的連續期貨價格列示於表 19.1 中的第 7 欄。請注意，在這段期間內，實際價格顯示上漲$55.00，但連續期貨價格僅上漲$24.30——這是實際持有多頭期貨部位的淨值增加程度。

事實上，如此建構的連續數列，相當於是把個別契約中最近交割月份的走勢圖剪下來，然後端點相互銜接而構成的連續走勢圖（假定連續數列採用所有的月份契約，而且在最近期貨契約走勢圖剪斷的那一天進行展延）。

在某些市場中，近月份與遠月份契約的價差可能包括溢價與折價（例如：活牛）。可是，在另一些市場中，僅存在單一方向的價差。以黃金市場為例，遠月份價格一定高於近月份

價格[2]。對於這類的市場來說，由於價差不斷朝單方向累積，價差調整後連續價格數列將愈來愈偏離實際的價格。

請注意，在某些市場中，由於契約展延點的近月份溢價經常超過近月份折價，價格數列的過去讀數很可能因為累積調整而成為負數。舉例來說，在 1987~1991 年期間，銅期貨的近月份契約價格存在明顯高於遠月份契約的傾向，而且差額經常很大。所以，在這段期間內，繼續持有期貨部位所實現的這種獲利（換言之，遠月份契約的折價消失），將超過最近期貨的價格上漲；因此，當目前（1995 年）價格減去累積調整因子時，1980 年代初期到中期的價格成為負值（請參考圖 19.1）。如果連續期貨價格將反映繼續持有多頭部位的淨獲利，而且價格數列必須移動而讓目前的讀數等於目前最近交割契約的價格，則前述的負數價格情況就可能發生。

連續期貨價格數列可能包含負數，這聽起來似乎有些令人難以釋懷，但就系統測試而言，這不會造成任何困擾。為什麼？因為系統測試是希望衡量交易的盈虧，所採用的價格數列應該精確反映價格變動而不是價格水準。可是，某些情況下，

---

[2] 黃金價差之所以存在這種行為模式，主要是因為全球的黃金存量遠超過每年的使用量，超過的程度或許高達數百倍。因此，黃金絕對不可能發生「缺貨」的現象——而近月份供給短缺是可儲存商品近月份契約得以發生溢價的唯一原因。（在正常的情況下，可儲存商品的遠月份契約價格將反映持有成本而高於近月份契約。）黃金價格的波動，基本上是反映買賣雙方對於黃金價值的看法。即使是在黃金價格高漲的期間，這也不代表真正的缺貨，價格上漲主要是因為市場認定黃金的價值比較高。只要價格「合理」，黃金的供給絕對不虞匱乏。對於大多數商品而言，情況並非如此，總供給都有一定的極限。

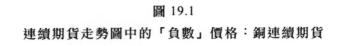

圖 19.1

連續期貨走勢圖中的「負數」價格：銅連續期貨

我們還是應該調整連續價格數列而使它們對應實際的價格水準，藉以觀察實際走勢圖中的交易訊號。

請注意，契約之間的展延銜接，不一定需要設定在最後交易日，這與最近期貨價格數列的傳統假設不同。事實上，由於受到交割等技術問題的影響，期貨契約最後幾個星期的交易

特別容易發生扭曲，所以數列應該避免納入這段期間的價格資料。換言之，展延日應該設定在最後交易日之前（舉例來說，最後交易日之前的 20 天）。

價格數列的比較

請注意，經過銜接的期貨價格數列僅能夠反映價格水準或價格變動，前者如最近期貨，後者如連續期貨——這有點像投擲一個銅板一樣，結果僅能夠是正面或反面，絕對不可能「兩者皆是」。建構連續期貨數列中所採用的調整程序，意味著數列的過去讀數將不等於發生當時的價格。可是，連續數列是僅有的期貨銜接數列，它能夠精確反映價格的擺動，乃至於交易帳戶中實際的淨值波動。所以，連續期貨也是系統測試中唯一適用的銜接價格數列。

因此，這是關鍵之所在，數學的結論不允許反映主觀的看法。正確的答案僅有一個，錯誤的答案可以有許多。如果連續期貨價格數列中的展延與實際交易的展延完全一致，則價格數列將精確反映實際交易的結果（當然，我們對於交易佣金與滑移價差的估計也必須精確）。換言之，連續期貨數列將完全對等於繼續持有（換言之，持有而展延）多頭部位的淨值波動。所有其他的銜接數列都不能精確代表實際的價格變動。

讓我們繼續引用本章稍早的黃金橫向行情（換言之，黃金價格盤整於$400 附近，遠月份／近月份的溢價每兩個月等

於 1.00%），藉以說明連續期貨數列與其他三種價格數列的差異。某交易者買進一年到期的期貨契約，價格大約是 $424.60（$1.01^6 \times \$400$）。即期價格將反映$400附近的橫向走勢。另外，60 天期的遠期價格數列也會反映橫向的走勢，位在$404 附近（$1.01 \times \$400$）。最近期貨價格數列基本上也是橫向走勢，但呈現向下傾斜的鋸齒狀，價格在每個展延日向上跳動，然後因為遠月份溢價消失而逐漸收斂到即期價格。

所以，不論是即期數列、固定期間的遠期數列或最近期貨數列，它們都顯示一年期契約多頭部位將產生持平的結果。可是，實際的情況又如何呢？買進成本是$424.60，到期價格是$400.00。就交易的現實觀點來說，行情是呈現下跌的趨勢。連續期貨是唯一能夠反映這種下跌趨勢的走勢圖，交易帳戶確實發生$24.60 的損失。

我經常看到一些業內「專家」的評論或文章，他們主張採用固定期間的遠期價格數列（永續價格），如此才能夠避免連續數列所造成的扭曲。這種觀點確實是扭曲。不論他們究竟是基於無知或私利而堅持採用固定期間的遠期價格（換言之，他們大多是這類資料的供應商），這種看法都不正確。事實上，這已經不是看法的問題。如果你心中還有所存疑，不妨拿實際交易帳戶的淨值波動，對照固定期間的遠期價格數列，結果將很清楚。

連續期貨價格數列是否有任何的缺點？當然。它或許是最佳的銜接數列，但絕對不完美。可是，完美的銜接數列並不

存在。連續數列有一個操作上的缺點，它不適用於任何的百分率運算，這是因爲數列精確反映價格變動而不是價格水準。可是，這個缺點很容易彌補。如果交易系統需要計算價格的百分率，僅需要把連續價格除以最近期貨價格。另外，連續數列的建構過程中免不了一些武斷的成份，因爲我們必須決定銜接那些月份契約，在什麼時候進行展延。可是，這並不至於造成真正的問題，因爲這些決策都應該反映實際交易中所採用的契約與展延日。而且，我們所討論的其他價格數列也涉及類似的武斷性質。最後，在某些市場中，所銜接的契約可能有不同的歷史價格型態（舉例來說，牲口市場就經常如此）。可是，其他銜接價格數列也會遭遇相同的問題。

結論

　　就交易系統的電腦測試而言，實際上僅有兩種價格數列可供運用：(1) 個別契約的數列，(2) 連續期貨的數列。可是，除非某種交易方法僅涉及四、五個月或更短的期間，否則就不適合採用個別契約數列（這項限制將排除一大部分的交易系統）。另外，採用個別契約數列相當礙手礙腳。所以，一般而言，連續期貨數列是最佳的選擇。只要不從事百分率的運算，這種數列就可以提供精確的結果（換言之，代表實際交易的結果），而且每個市場僅需要單一的價格數列。最後，我希望重複強調一點，絕對不要輕信推銷廣告的渲染而認定固定期間遠期價格適用於系統測試。如果你希望價格數列精確反映未來的交易，固定期間遠期價格僅會帶來——而不是避開——扭曲。

❖ 20 ❖　交易系統的測試與最佳化

> 每個十年都存在其特有愚行模式，但發生
> 的基本原因都相同：人們堅信最近過去所發生
> 的一切，將永遠持續到未來，即使根本的架構
> 已經完全動搖也是如此。

George J. Church

精選範例[1]

你花了$895 參加第 10 屆的年度「財富奧秘」期貨講習會。就這個代價來判斷,你猜想講習會中應該會透露一些珍貴的「天機」。

台上的講師正說明著「超級大波浪」(Super-Razzle-Dazzle)商品交易系統。價格走勢圖顯示在巨大的螢幕上,標示著「B」與「S」的買進與賣出訊號。實在令人嘆為觀止:所有的買點都低於對應的賣點。

下一張走勢圖的績效更理想,顯示這套交易系統所實現

---

[1] 這節的內容最初刊登於 1984 年 9 月份的《期貨雜誌》(*Futures*)。

下一張走勢圖的績效更理想，顯示這套交易系統所實現的淨值趨勢——幾近於完美的上升曲線。不僅僅如此而已，系統的操作如此簡單。

正如同講師所說的，「每天僅需要 10 分鐘，配合最初淺的算術。」

你從來不知道期貨交易如此容易賺錢。你非常懊悔過去沒有參加第 1 屆到第 9 屆的講習會。

回到家裡之後，你挑選了 10 個不同的市場，開始交易「超級大波浪」系統。每一天，你都繪製帳戶淨值的圖形。幾個月之後，你發現一個奇怪的現象。就如同講習會上所展示的，帳戶淨值雖然還是穩定發展，但有一個小小的差異：淨值走勢圖的趨勢是朝下。究竟怎麼回事？

事實上，幾乎每一套交易系統，你都可以找到有利的案例來支持其效力。可是，根據過去的精選範例來向外插補未來的績效，這顯然是一個錯誤。

讓我舉一個實際的例子來說明這個論點。1983 年，我當時對於交易系統僅有幾年的操作經驗，在一份交易雜誌的文章中讀到下列這套非常簡單的交易系統：

1.　如果六天移動平均高於前一天的對應讀數，補空而做多。
2.　如果六天移動平均低於前一天的對應讀數，翻多而做空。

這篇文章利用 1980 年的瑞士法郎走勢做為說明的範例。撇開細節不談,將這套系統運用於 1980 年的瑞士法郎市場,每口契約的獲利是$17,235(假定來回一趟的佣金成本為$80)。即使我們採用非常保守的資金配置,每口契約$6,000,前述的績效仍然代表 287%的年度報酬率。而且,整個交易系統僅由兩句話構成。根據這個範例所顯示的績效來說,我們很容易理解交易者將急著放棄其他的系統而改用這套賺錢機器。

我實在不相信如此簡單的交易系統能夠提供這等的表現。於是,我決定針對眾多的市場而在相當長的期間——1976 年到 1983 年中期[2]——測試這套系統。

首先是瑞士法郎,我發現這段期間內的總獲利是$20,473。換言之,如果不包括 1980 年,這套系統在剩餘 6½年之間的獲利僅有$3,238。所以,假定每口契約的資金配置是$6,000,平均的年獲利僅不過是 8%——似乎與 1980 年的 287%有一段距離。

可是,且慢!情況不僅僅如此而已,實際的結果糟多了。

當我將系統套用在 1976 年到 1983 年中期的 25 個市場,結果有 19 個市場發生虧損。其中 13 個市場——超過半數——的損失超過$22,500,相當於每口契約的每年損失為$3,000。其中 5 個市場的損失超過$45,000,相當於每口契約的每年損

---

[2] 起始日期的選定,是為了避開許多商品市場在 1973~1975 期間的極端趨勢。終止日僅是反映我測試這套系統的日期。

失爲$6,000。

另外，請注意，即使是在該系統獲利的市場中，其績效也遠不如其他順勢系統在相同市場同一期間內的表現。

毫無疑問，這是一套很差的系統。可是，如果僅觀察一個精選的範例，你可能誤以爲這套系統的績效將遠勝過傑西·李佛摩（Jesse Livermore）顛峰期間的表現。這就是感覺與現實之間的差距。

既然這套系統呈現如此嚴重而普遍的虧損，你可能認爲針對系統的交易訊號進行反向操作，應該是很理想的策略。大多數的虧損都是來自於這套系統太敏感而產生的交易成本。（交易成本包括佣金與滑移價差。本章稍後將討論滑移價差的問題。）系統的敏感性有時候可以提供助益，例如 1980 年的瑞士法郎。可是，整體而言，敏感性是這套系統最大的敗筆。

由於交易成本而產生的虧損，並不代表反向操作的獲利。另外，針對所有的交易訊號進行反向操作，可能也會產生對等的交易成本。所以，一旦考慮交易成本之後，反向操作的效益就蒸發了。

啓示：任何的交易系統（或指標）都不可以根據少數的個案來歸納結論。唯有在相當長的期間內針對廣泛的市場進行測試（不受惠於「後見之明」），才能判斷某套系統的價值。

基本觀念與定義

　　交易系統（trading system）是提供交易訊號的一組法則。
參數（parameter）是指交易系統內可以自由設定的數據，藉
以改變交易訊號的時效。舉例來說，在基本的突破系統中，N
就是參數，它代表價格必須穿越先前 N 天的高價或低價才構
成交易訊號。不論 N 設定爲 7 天或 40 天，系統的操作方法都
完全相同，但訊號發生的時間截然不同。（舉例來說，請參考
第 17 章的圖 17.5）。

　　大多數的交易系統都有一個以上的參數。舉例來說，移
動平均穿越系統有兩個參數：短期均線的長度與長期均線的長
度。每一組參數值都稱爲參數組合（parameter set）[3]。就移動
平均穿越系統來說，10 天與 40 天的移動平均就代表特定的參
數組合。任何其他的兩個移動平均長度，則代表另一個參數組
合。如果系統內僅有一個參數（例如：突破系統），參數組合
是由單一的因子構成。

　　大多數的「基本」（generic）系統都僅有一、兩個參數。
可是，對於比較具有創意與彈性的系統，或基本系統內引進額
外的條件，通常都需要三個或以上的參數。舉例來說，如果移
動平均系統中引進時間延遲的確認法則，這就產生第三個參
數：時間延遲的天數。如果系統的參數很多，針對合理數量的

---

[3] 請注意，參數組合與系統變形（第 17 章曾經採用這個名詞）是代表相同
的觀念。目前採用參數組合的術語，主要是因爲它的表示方法比較具備精確
的意義。

參數組合進行測試也會造成嚴重的困擾。舉例來說，假定每個參數設定爲不同的 10 個數值，如果系統內有三個參數，就必須測試 1,000 個參數組合；如果系統內有六個參數，就必須測試 1,000,000 個參數組合。

基於實務上的考量，接受測試的參數組合不宜過多。當然，達成這個目標的最簡單辦法，就是侷限系統的參數數量。原則上來說，我們最好採用系統的最單純格式（換言之，參數最少的格式），而且不會嚴重影響它相對於複雜格式的績效。可是，絕對不可以僅爲了降低參數組合的數量，而剔除重要的參數。在這種情況下，比較合理的做法是減少接受測試的參數組合。

請注意，即使系統內僅有一、兩個參數，也沒有必要測試所有可能的參數組合。以簡單的突破系統來說，如果某人希望測試 $N=1$ 到 $N=100$ 的績效，完全沒有必要測試其中的每個整數數值。比較合理的做法是每隔一段間距設定一個 N 值（例如：10, 20, 30, … ,100）；然後，如果有必要的話，再針對某特定區間的參數值進行更精細的測試。舉例來說，如果初步的測試結果顯示 $N=40$ 與 $N=50$ 的績效特別理想，可以根據這附近的 N 值做進一步的測試。可是，這種進一步的測試通常並沒有必要，因爲不同參數值——尤其是數值非常接近的話——所造成的績效差異，往往是「純屬巧合」而沒有統計上的意義。（關於這一點，後文會詳細討論。）

讓我們以一個比較實際的例子來說明。假定我們準備測

試移動平均穿越系統,其中包括時間延遲的確認法則。如果我
們希望測試的短期均線長度介於 1~50,長期均線長度介於
2~100,時間延遲長度介於 1~20,總共將有 74,500 個參數組
合[4]。顯然地,測試如此大量的參數組合有些不切實際,更不
可能進行評估。請注意,對於如此基本的交易系統,減少參數
個數必定會嚴重影響績效。可是,如果減少每個參數所設定的
數值個數,測試的結果應該還是可以反映系統的整體績效。舉
例來說,短期均線的長度以 10 為間隔(10, 20, 30, 40 與 50),
長期均線的長度以 20 為間隔(20, 40, 60, 80 與 100),最後設
定三個時間延遲的數值(例如:5, 10 與 20)。如此處理,接受
測試的參數組合可以降低為 57 個[5]。一旦這些參數組合經過測
試,而且結果經過評估之後,我們可以根據初步的結論而進一
步測試其他少量的參數組合。舉例來說,如果時間延遲參數等
於最小值 5 的績效相當理想,我們可以測試更小的參數值。

　　就觀念上來說,參數可以區分為下列四種型態:

連續參數. 　連續參數(continuous parameter)可以設定為某
特定區間內的任何實數值。「價格貫穿百分率」就是一種連續
參數。由於連續參數所能夠設定的數值有無限多,這類參數在
測試中需要設定某種間隔。舉例來說,如果希望測試 0.05% 到
0.50% 的貫穿百分率,間隔可以取 0.05(換言之,0.05,
0.10, … ,0.50)。如果測試的期間夠長,相鄰的參數值僅會帶

---

[4] 由於長期均線的長度必須大於短期均線,所以總共的組合數量是:
$(99+98+97+... +50) (20) = 74,500$。

[5] $(5+4+4+3+3) (3) = 57$

來些許的績效差異。

離散參數. 離散參數（discrete parameter）僅可以設定為整數值。舉例來說，突破系統的 N 值是屬於離散參數。雖然我們可以測試離散參數在某特定區間內的每個整數，但通常沒有這種必要性而可以取較寬的間距。如同連續參數的情況一樣，如果每隔特定的間距設定一個參數值，績效通常不會有突兀的變化。

代碼參數. 代碼參數（code parameter）是用來代表定義上的分類。所以，代碼參數的數值本身並沒有運算上的意義。以突破系統來說，如果希望測試三種不同的買進突破定義：**收盤價高於先前 N 天的高價，高價高於先前 N 天的高價，收盤價高於先前 N 天的最高收盤價**。我們可以分別測試這三種系統，但利用某個參數的數值來代表每個不同的定義，測試的過程更簡便。所以，第一種定義的突破可以設定為參數值 0，第二種定義設定為參數值 1，第三種定義設定為參數值 2。請注意，這個參數僅有三個可能的數值，參數值的增減，沒有運算上的意義。

固定或非最佳化的參數. 一般來說，任何類型的參數在系統測試中都可以設定為不同的數值。可是，如果系統內的參數很多，為了避免接受測試的參數組合過多，或許有必要將某些參數設定為固定的數值。這類的參數稱為非最佳化參數（nonoptimized parameters）。舉例來說，在不敏感的順勢系統中，我們或許希望納入某種停止法則，藉以避免災難性的損失。根

據定義，停止法則僅會偶爾被觸發。因此，停止法則中的參數可以設定為固定數值，因為它們不會嚴重影響系統的績效。

挑選價格數列

在某個市場中測試交易系統，首先需要挑選適當的價格數列。第 19 章已經詳細討論這方面的問題。大體上來說，連續期貨數列是最理想的選擇，但短線交易系統可以採用實際契約的價格資料。

決定測試期間

原則上來說，測試期間愈長，測試的結果愈可靠。如果期間太短，測試的結果不能充分反映交易系統在各種市況下的績效。舉例來說，假定我們希望在棉花市場測試某順勢交易系統，如果選用最近兩年的資料（1993 年 4 月~1995 年 3 月），結果可能嚴重扭曲該系統的長期績效，因為這兩年是屬於棉花的大多頭行情（參考圖 20.1）。

可是，就另一方面來說，如果測試的期間太長，早期的資料可能完全不足以代表目前的市場環境。舉例來說，測試的期間或許不應該回溯到 1973~1976 的期間，因為許多商品當時都出現史無前例的重大漲勢，而隨後又發生崩跌的走勢。如果納入這段非常不具有代表性的期間，很可能過度誇張多數順

圖 20.1
不具代表性的主要價格趨勢期間：
棉花連續期貨

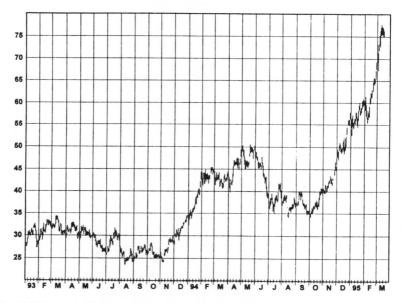

勢系統的潛在績效。換言之，大多數系統在這段期間內所實現重大的獲利，非常不可能重複發生於未來。

我們雖然不能判定最佳的測試期間長度，但 10~20 年似乎是很合理的區間。對於短期的交易系統而言（每筆交易的平均持有期間為幾個星期或更短），可以選用較短的測試期間（例如：5~10 年）。如果測試期間顯著短於前述的基準，測試結果非常值得懷疑。可是，某些公開發表的交易系統測試報告，竟然採用兩年或更短的測試期間，這類的結果完全不足以採信。

在理想的情況下，我們應該採用比較長的測試期間（例如：15 年），然後就整體期間與個別期間（例如：每一年）評估系統的績效。這種方式有助於判斷系統在時間過程中的穩定性——換言之，績效在每個期間中的相對一致性。時間上的穩定性很重要，因為這可以顯示該系統的過去績效是否可以持續到未來。如果某套系統在過去 15 年來所獲致的重大績效是來自於其中 3 年的特殊表現，其餘 12 年則發生虧損或勉強持平，許多交易者恐怕很能接受這類的系統——完全可以理解的心態。反之，如果某套系統過去 15 年的績效中等，但 15 年之中有 14 年獲利，許多交易者很可能偏愛這類的系統。

務實的假設

交易系統的使用者經常發現，實際的交易結果總是不如系統的測試績效。事實上，這種情況非常普遍而有其特殊的名稱：滑移（slippage）。如果績效的差異不是因為程式設計的錯誤，滑移基本上是來自於系統測試的假設不夠務實。不合理假設大體上可以分為兩類：

1. 交易成本. 系統測試僅考慮實際的佣金成本並不足夠，因為佣金僅代表一部份的交易成本。還有另一項比較難以捉摸而非常實際的成本，這是理論執行價格與實際成交價格之間的差值。舉例來說，假定系統測試是假定交易指令成交於收盤價。在這種情況下，將成交價格設定為收盤區間的中點，這就不是很務實的假設。基於某些理由，買進價格總是在收盤區

間的上半部，賣出價格總是在收盤區間的下半部。這個問題的處理方式有兩種。第一，採用最差的成交價格（例如：買進價為收盤區間的高價）。第二，每筆交易都採用某固定而偏高的交易成本（例如：每筆交易$100）。後者的方法比較單純而普遍適用。舉例來說，你如何決定盤中停止單的最差成交價格？

2.　**停板**.　除非程式中有特殊的設計，否則電腦交易系統都假定每個訊號會立即被執行。可是，現實世界中的情況沒有那麼單純。某些情況下，由於市場鎖住停板，交易訊號無法立即被執行。如果你假定這類的訊號可以被執行，測試績效將顯著優於實際的交易表現。這類的案例經常發生，但舉一個例子就已經足夠。請參考圖 20.2，如果訊號發生立即成交，這筆交易的獲利是 42.4¢（每口契約$15,900），但實際交易的結果卻是損失 16.2¢（每口契約$6,075）。

系統使用者將發現，一旦在務實的假設下進行測試，許多極具潛能的交易系統就因此而分崩離析。這對於進出頻繁的交易系統來說更是如此，因為它們會產生偏高的交易成本。可是，我們最好還是在測試的模擬階段中發現這個事實，不要在實際的交易中以鈔票來換取慘痛的經驗。

系統的最佳化程序

最佳化（optimization）是將系統套用在某特定市場而尋找績效最佳參數組合的程序。進行最佳化程序有一個基本的前

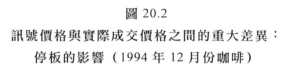

圖 20.2

訊號價格與實際成交價格之間的重大差異：

停板的影響（1994 年 12 月份咖啡）

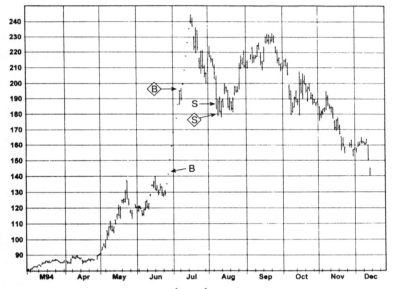

附註：　B 與 S＝ 訊號價格；Ⓑ 與 Ⓢ＝ 執行價格

提：適用於過去資料的最佳參數組合，未來也很可能提供卓越
的績效。（這個假設是否成立，將是下一節處理的主題。）

　　在最佳化的程序中，我們究竟應該以什麼準則來定義最
佳績效呢？一般來說，最佳績效都是指最大的淨值獲利而言。
可是，這種定義並不完整。績效的比較應該考慮下列四個因子：

1. **報酬率.**　報酬的衡量基準是相對於交易該系統所需要
　　的資金而言。另外，報酬應該採用百分率的格式而不

是絕對金額，細節請參考第 21 章。

2. **風險衡量.**　除了報酬率之外，我們還必須以某種方式來衡量淨值的波動（例如：報酬率的變動性與淨值的折返）。就心理層面來說，大多數的交易者都希望避開波動劇烈的參數組合與系統，所以風險的衡量非常重要。除此之外，我們也可能挑選一個不利的起始日期而從事某套系統的交易。第 21 章將討論數種同時考慮報酬與風險的績效衡量方法。

3. **參數的穩定性.**　尋找表現優越的一組參數值並不足夠。我們還必須確定該組參數值沒有反映僥倖的成份。換言之，我們希望類似的參數組合也能夠提供優異的績效。事實上，最佳化程序的目標應該是尋找一段理想的區間，而不是某特定的參數組合。

舉例來說，假定我們測試簡單的突破系統而發現參數值 $N=7$ 將提供最佳的報酬率／風險性質，但其他 $N=5{\sim}9$ 的參數值表現都非常不理想；在另一方面，$N=25{\sim}54$ 的參數值表現都相對理想。在這種情況下，我們應該根據後者來設定參數值。為什麼？因為 $N=7$ 的傑出表現很可能是來自於特定一組的歷史價格資料，將來重覆發生的可能性不高。反之，$N=25{\sim}50$ 的參數值表現都普遍理想，如果我們將參數值設定在這個區間的中央，未來成功的機率比較高。

如果系統中僅有一個參數，我們僅需要觀察一欄的數據就可以瞭解各種參數值的績效表現。對於兩個參數的系統來說，可以編製一份表格，欄中的績效往

下依次對應逐漸增加的第一個參數值，列中的績效往右依次對應逐漸增加的第二個參數值。如此一來，我們很容易找到表現最理想的參數值區間。如果系統中有三個參數，如果其中某個參數設定的數值不多，也可以運用前述的程序。舉例來說，假定某套移動平均穿越系統中採用時間延遲的確認法則，時間延遲參數僅準備測試三個數值。在這種情況下，我們可以編製三份前述的績效表格，每份表格對應某特定的時間延遲參數值。可是，對於更複雜的系統來說，就必須透過電腦來尋找績效最佳的區間。

4. **時間上的穩定性.** 如同前一節的說明，系統的績效務必反映整體期間內的普遍績效，不能僅來自於少數期間的不尋常表現。

最佳化程序中同時納入數種績效的衡量準則，這雖然有助於提供更完整的資訊，但也會使測試的工作更為複雜。因此，許多交易者認為前述的精密評估方法完全不切實際。就這方面來說，我們或許可以提供一個稍微值得安慰的事實：比較相同系統中的不同參數組合，前述的準則通常有很高的相關性。一般來說，如果某個參數組合可以提供最佳的報酬率，通常也會呈現最小的淨值折返。所以，就某特定交易系統的最佳化程序來說，運用基本的報酬／風險衡量（例如：夏普率 [Sharpe ratio]）或單純的報酬率，其結果通常都類似於更複雜的評估方法。所以，前述的多元績效評估方法在理論上比較合理，但實務上的運用往往沒有必要。可是，如果我們嘗試比較不同系統內的參數組合，就必須分別考慮風險、參數的穩定性與時間

上的穩定性。

這一節是由理論性的角度探討最佳化的程序與觀念，其中蘊含一個基本的假設：最佳化程序有助於提昇系統的未來績效。可是，這個假設的有效性非常值得爭議，請參考下一節。

最佳化的迷思

最佳化程序受到普遍的重視，但其根本的前提卻很少被考慮，這是相當荒謬的現象。換言之，參數組合的過去績效很理想，是否代表它們的未來績效就能夠繼續維持中等以上的水準？

為了檢定最佳化程序的有效性，我們將測試某個突破系統，按照歷史績效排列各種參數值的表現：如果今天的收盤價高於先前 N 天的最高收盤價，將空頭部位反轉為多頭部位；如果今天的收盤價低於先前 N 天的最低收盤價，將多頭部位反轉為空頭部位。我們將測試系統中的九個 N 值：20, 30, 40, 50, 60, 70, 80, 90 與 100。

表 20.1~20.10 中比較這些參數組合的盈／虧績效排名，測試的市場有 10 個，分為 3 個兩年期的測試期間（1989~1990, 1991~1992 與 1993~1994），表中的第一欄分別列示參數組合在先前八年期間的績效排名。換言之，表中第一欄的第一個數據是代表過去八年績效最理想的參數組合，第二個數據是代表

表 20.1

突破系統（公債）參數組合的績效排名比較：

兩年期 / 先前八年期

先前 8 年期 參數組合 績效排名	1989~1990 期間 相同參數組合 績效排名	1991~1992 期間 相同參數組合 績效排名	1993~1994 期間 相同參數組合 績效排名
1	❾	6	❽
2	❽	❾	5
3	①	❽	4
4	7	5	6
5	5	3	❾
6	②	②	②
7	6	4	①
8	3	①	3
9	4	7	7

表 20.2

突破系統（德國馬克）參數組合的績效排名比較：

兩年期 / 先前八年期

先前 8 年期 參數組合 績效排名	1989~1990 期間 相同參數組合 績效排名	1991~1992 期間 相同參數組合 績效排名	1993~1994 期間 相同參數組合 績效排名
1	❾	❾	5
2	①	6	3
3	②	4	❽
4	4	7	7
5	5	3	6
6	❽	5	❾
7	7	❽	②
8	6	②	①
9	3	①	4

表 20.3

突破系統（日圓）參數組合的績效排名比較：

兩年期 / 先前八年期

先前 8 年期 參數組合 績效排名	1989~1990 期間 相同參數組合 績效排名	1991~1992 期間 相同參數組合 績效排名	1993~1994 期間 相同參數組合 績效排名
1	4	3	②
2	❽	②	3
3	①	①	❽
4	②	6	7
5	❾	4	5
6	3	5	4
7	5	❾	①
8	6	7	6
9	7	❽	❾

表 20.4

突破系統（黃金）參數組合的績效排名比較：

兩年期 / 先前八年期

先前 8 年期 參數組合 績效排名	1989~1990 期間 相同參數組合 績效排名	1991~1992 期間 相同參數組合 績效排名	1993~1994 期間 相同參數組合 績效排名
1	4	②	6
2	7	5	7
3	❾	6	❾
4	①	3	3
5	5	❾	5
6	②	❽	②
7	3	7	①
8	6	4	❽
9	❽	①	4

表 20.5

突破系統（白銀）參數組合的績效排名比較：

兩年期 / 先前八年期

先前 8 年期 參數組合 績效排名	1989~1990 期間 相同參數組合 績效排名	1991~1992 期間 相同參數組合 績效排名	1993~1994 期間 相同參數組合 績效排名
1	②	7	7
2	3	①	❽
3	5	②	4
4	①	3	6
5	4	❽	5
6	7	❾	①
7	6	5	②
8	❾	4	❾
9	❽	6	3

表 20.6

突破系統（熱燃油）參數組合的績效排名比較：

兩年期 / 先前八年期

先前 8 年期 參數組合 績效排名	1989~1990 期間 相同參數組合 績效排名	1991~1992 期間 相同參數組合 績效排名	1993~1994 期間 相同參數組合 績效排名
1	❽	❾	①
2	❾	①	❽
3	7	7	❾
4	3	5	②
5	4	②	6
6	①	❽	7
7	5	6	3
8	6	3	5
9	②	4	4

表 20.7
突破系統（玉米）參數組合的績效排名比較：
兩年期 / 先前八年期

先前 8 年期 參數組合 績效排名	1989~1990 期間 相同參數組合 績效排名	1991~1992 期間 相同參數組合 績效排名	1993~1994 期間 相同參數組合 績效排名
1	❽	7	①
2	6	3	5
3	5	5	6
4	4	①	❽
5	7	❾	3
6	①	4	②
7	②	6	4
8	3	❽	7
9	❾	②	❾

表 20.8
突破系統（黃豆）參數組合的績效排名比較：
兩年期 / 先前八年期

先前 8 年期 參數組合 績效排名	1989~1990 期間 相同參數組合 績效排名	1991~1992 期間 相同參數組合 績效排名	1993~1994 期間 相同參數組合 績效排名
1	❾	❾	3
2	4	❽	①
3	❽	6	②
4	5	4	5
5	6	3	❾
6	7	5	6
7	3	①	4
8	①	7	7
9	②	②	❽

表 20.9

突破系統（活牛）參數組合的績效排名比較：

兩年期 / 先前八年期

先前 8 年期 參數組合 績效排名	1989~1990 期間 相同參數組合 績效排名	1991~1992 期間 相同參數組合 績效排名	1993~1994 期間 相同參數組合 績效排名
1	5	4	4
2	3	7	7
3	6	②	❾
4	①	5	5
5	4	3	6
6	②	❾	❽
7	7	❽	②
8	❽	6	3
9	❾	①	①

表 20.10

突破系統（糖）參數組合的績效排名比較：

兩年期 / 先前八年期

先前 8 年期 參數組合 績效排名	1989~1990 期間 相同參數組合 績效排名	1991~1992 期間 相同參數組合 績效排名	1993~1994 期間 相同參數組合 績效排名
1	②	❽	②
2	❽	4	7
3	3	7	5
4	①	5	6
5	4	6	❽
6	7	①	①
7	6	3	3
8	5	②	❾
9	❾	❾	4

過去八年績效第二理想的參數組合，依此類推。另外，以表 20.1 中第三欄最上端的數據「6」為例，這代表該組參數值在前八年內的績效最理想，但在 1991~1992 測試期間的績效排名第 6。

　　為了方便於觀察過去與未來的績效之間是否存在一致性，測試期間內績效最佳的兩個參數組合標示為無陰影的圓圈，績效最差的兩個參數組合標示為反黑的圓圈。如果最佳化程序的前提能夠成立——換言之，過去表現最佳的參數組合，通常也是未來表現最佳的參數組合——則表 20.1~20.10 中應該反映出一種型態：無陰影的圓圈接近欄位的上端，反黑的圓圈接近欄位的下端。可是，實際的情況顯然並非如此。無陰影與反黑的圓圈有時候在欄位的上端，有時候在欄位的下端，有時候在欄位的中央。由表 20.1~20.10 中觀察，圓圈的垂直位置具有明顯的隨機性質，意味著過去與未來的績效之間沒有什麼關連。

　　如果各個期間內的最佳參數組合很不穩定，這意味著根據過去的最佳參數組合來衡量系統的績效，將嚴重高估該系統的未來表現能力。為了說明這點，表 20.11~20.14 中比較下列各組參數的績效：測試期間內最佳參數組合的績效／所有參數組合的平均績效／前一期最佳參數組合在本期的績效／前一期最差參數組合在本期的績效。在這個特定的例子中，如果就整體 10 個市場的綜合數據來判斷，我們發現一個現象：在三個測試期間中的兩個期間內，以及在整體測試期間內，前一期表現最差的參數組合，它們在本期的表現反而優於前一期表現最佳的參數組合。

表 20.11

1989~1990 期間測試績效（$）比較：
實際最佳參數組合 / 期間平均 / 前期最差參數組合

市場	測試期間實際最佳參數組合	前期最佳參數組合	所有參數組合的平均績效	前期最差參數組合
長期債券	6,670	−9,090	−2,180	1,420
德國馬克	7,780	3,020	5,390	6,340
日圓	11,840	9,240	8,130	8,420
黃金	3,390	1,700	1,080	−320
白銀	5,850	5,330	3,050	1,630
熱燃油	7,650	1,760	3,380	6,430
玉米	1,640	−2,190	−590	−2,730
黃豆	4,970	−7,160	−740	4,740
活牛	2,090	850	−20	−3,290
糖	4,240	4,170	−840	−5,560
總計	56,120	7,630	16,030	17,080

表 20.12

1991~1992 期間測試績效（$）比較：
實際最佳參數組合 / 期間平均 / 前期最差參數組合

市場	測試期間實際最佳參數組合	前期最佳參數組合	所有參數組合的平均績效	前期最差參數組合
長期債券	3,710	−1,820	−420	−2,920
德國馬克	9,180	1,680	4,770	9,180
日圓	3,340	−240	−1,670	−3,620
黃金	1,370	90	−1,050	1,370
白銀	−720	−1,890	−1,640	−1,780
熱燃油	5,510	−980	1,540	4,290
玉米	560	−480	−440	340
黃豆	−2,420	−6,090	−4,650	−3,190
活牛	1,380	−160	−340	1,380
糖	810	−1,690	−1,410	−1,850
總計	22,700	−11,570	−5,010	3,200

表 20.13
1993~1994 期間測試績效（$）比較：
實際最佳參數組合 / 期間平均 / 前期最差參數組合

市場	測試期間實際 最佳參數組合	前期最佳 參數組合	所有參數組合 的平均績效	前期最差 參數組合
長期債券	11,600	3,500	7,180	7,910
德國馬克	6,210	−3,660	−3,300	−1,410
日圓	3,620	2,460	260	−3,060
黃金	490	−1,900	−1,460	−930
白銀	1,600	−3,650	−2,690	−790
熱燃油	2,200	2,200	−1,700	−890
玉米	1,910	1,910	640	−1,030
黃豆	2,120	1,570	−240	−2,060
活牛	1,600	950	500	1,600
糖	880	570	−550	−240
總計	**32,230**	**3,950**	**−1,360**	**−900**

表 20.14
三個期間的綜合測試績效（$）比較：
實際最佳參數組合 / 期間平均 / 前期最差參數組合

市場	測試期間實際 最佳參數組合	前期最佳 參數組合	所有參數組合 的平均績效	前期最差 參數組合
長期債券	21,980	−7,410	3,950	6,410
德國馬克	23,170	1,040	6,860	14,110
日圓	18,800	11,460	6,720	1,740
黃金	5,250	−110	−1,430	120
白銀	6,730	−210	−1,280	−940
熱燃油	15,360	2,980	3,220	9,830
玉米	4,110	−760	−390	−3,420
黃豆	4,670	−11,680	−5,330	−510
活牛	5,070	1,640	140	−310
糖	5,930	3,060	−2,800	−7,650
總計	**111,070**	**10**	**9,660**	**19,380**

前述的現象並不代表前期表現最差的參數組合通常都會優於前期表現最佳的參數組合。如果我們針對其他系統進行類似的測試，或許會發現前期表現最佳的參數組合，其績效優於前期表現最差參數組合的發生頻率會更高一些。可是，無論如何，這都不會影響表 20.11~20.14 的結論：先前期間的最佳參數組合經常不是當期最佳的參數組合；而且，就統計上而言，它們也沒有顯著優於所有參數組合的平均績效。

我們的例子僅考慮九個參數值。許多系統推銷者是根據數以百計、甚至數以千計的參數值進行最佳化程序。我們很容易想像，運用最佳化參數值來代表系統的績效，其中將會產生何等程度的誇張與渲染。

雖然針對個別市場進行最佳化的程序似乎沒有太大的意義（類似如表 20.1~20.10 的情況），但如果引用到交易（投資）組合中，最佳化程序將頗有助益。換言之，我們不就個別市場分別挑選過去表現最佳的參數組合，而是就所有的市場挑選一組過去表現最理想的參數組合。表 20.15 中是將表 20.1~20.10 的 10 個市場視爲一個交易組合[6]，然後在兩年的期間內測試參數組合的績效，並排列績效順序。由表 20.15 中可以發現，過去與未來的績效之間存在顯著的相關性：先前八年期間內表現最差的參數組合，在三個兩年期的測試期間內也是表現最差的參數組合。

---

[6] 這個交易組合是由每個市場的一口契約構成，但玉米爲兩口，因爲其行情波動很低。

表 20.15
突破系統（交易組合）參數組合的績效排名比較：
兩年期 / 先前八年期

先前 8 年期 參數組合 績效排名	1989~1990 期間 相同參數組合 績效排名	1991~1992 期間 相同參數組合 績效排名	1993~1994 期間 相同參數組合 績效排名	平均 績效排名
1	1	7	2	3.3
2	5	1	8	4.7
3	3	6	4	4.3
4	2	4	1	2.3
5	4	8	6	6.0
6	6	3	7	5.3
7	7	5	3	5.0
8	8	2	5	5.0
9	9	9	9	9.0

　　雖然過去表現最差的參數組合很可能也是未來表現最差的參數組合，但其他的排名順序似乎就沒有什麼預測功能。如果不考慮最差的參數組合，其他八組參數值在所有三個測試期間內的排名平均數是 4.5。前八年期間績效最佳的參數組合，在三個測試期間內的平均排名為 3.3（稍高於平均的 4.5），但前八年期間績效第四的參數組合，在三個測試期間內的平均排名為最高：2.3。另外，請注意，前八年期間績效第二與倒數第二的參數組合，它們在三個測試期間內的平均排名非常接近，分別為 4.7 與 5.0。

　　為什麼前一期表現最差的參數組合似乎可以精確預測未來（換言之，繼續是表現最差的參數組合），但其他排名的參數組合就沒有什麼預測功能？讓我們由參數組合的數值來探討其中的原因。表 20.16 是根據參數值為準（不是圖 20.15 中的

表 20.16

突破系統（交易組合）：根據 N 值比較
參數組合在兩年期測試期間的績效排名

參數組合 的 N 值	1989~1990 期間 參數組合 績效排名	1991~1992 期間 參數組合 績效排名	1993~1994 期間 參數組合 績效排名	平均 績效排名
20	9	9	9	9.0
30	8	2	5	5.0
40	7	5	3	5.0
50	6	3	1	3.3
60	4	6	6	5.3
70	5	7	8	6.7
80	1	1	2	1.3
90	2	4	4	3.3
100	3	8	7	6.0

前期表現排名），列示參數組合在三個測試期間的績效排名。
參數值是按照數值的高低排列。

由表 20.16 中可以發現，每一測試期間內表現最差的參數
組合確實是相同的一組。（由於表 20.15 顯示三個測試期間內
表現最差的參數組合都是先前期間表現最差的組合，這意味著
三個先前八年期的表現最差參數組合都是相同一組。）這組持
續表現最差的參數組合是位在測試參數值區間的端點：
$N=20$。

雖然 $N=20$——最敏感的測試參數值——總是表現最差的
參數組合（對於三個測試期間的交易組合而言），但其他的數
值（$N=30$ 到 $N=100$）就不存在這類一致性的型態。雖然 $N=80$
的表現非常理想，平均排名為 1.3，但其兩側的參數值 $N=70$

與 $N=90$ 的表現不甚理想，平均排名分別爲 6.7 與 3.3，這意味著 $N=80$ 的傑出表現很可能是統計上的巧合。如同本章稍早的解釋，缺乏參數的穩定性顯示該組參數值的優異表現是反映歷史測試資料中的特殊性質，而不是未來將重複發生的型態。

讓我們回顧前述最佳化程序中的一些現象：

◆ 若引用在個別市場中，最佳化程序似乎沒有太大的意義。

◆ 可是，若引用在交易組合內，最佳化程序似乎有助於預測未來表現最差的參數組合，但還是沒有可靠的型態可以預測未來表現最理想的參數組合。

◆ 進一步觀察顯示，具有一致性最差表現的參數組合，似乎不是因爲它是先前的最差參數組合，而是因爲參數值本身的設定問題（換言之，$N=20$）。如果我們繼續降低 N 值，績效的表現更差（沒有顯示在前述的表格中）──事實上是非常差。

◆ 一旦剔除參數值區間內的不佳極端值（就這個例子而言，$N=20$ 或以下），在相當寬廣的參數值區間內（就這個例子而言，$N=30$ 到 $N=100$），數值的大小似乎與績效表現沒有穩定的關係。

根據這些現象（它們與我過去所做的其他類似測試結果

相互吻合），我們可以就最佳化程序歸納下列的結論[7]：

1. 任何的系統幾乎都可以透過最佳化程序展現最具獲利能力的歷史績效。如果你發現任何系統不能被最佳化而在過去展現理想的獲利，那我就要恭喜你了，因為你已經發現一部賺錢機器──只要反向操作（當然，前提是這套系統不能造成過高的交易成本）。所以，某套系統透過最佳化程序而展現傑出的歷史績效，這或許具有一些娛樂價值，但沒有太大的實際意義。

2. 最佳化程序必然會高估系統的未來潛在績效──通常是嚴重的高估。因此，絕對不可以根據最佳化的結果評估一套交易系統的價值。

3. 對於許多系統來說（如果不是絕大部分系統的話），最佳化程序僅能夠稍微提高未來的績效──如果有任何影響的話。

4. 如果最佳化程序有任何的價值，頂多是協助系統挑選相當寬廣的參數值區間。精密的最佳化程序雖然可以用來消磨時間，但可能造成「自欺」的後果。

5. 根據前述的結論判斷，精密而複雜的最佳化程序僅是浪費時間。簡單的最佳化程序比較可能提供有用的資訊（但前提是：如果確實存在有用的資訊可供推演）。

---

[7] 雖然不應該由單一的實驗中歸納出一般性的結論，但我願意這麼做，因為我過去所做的許多類似最佳化測試都與前述的測試結果相互一致。就這個角度來說，正文中所詳述的最佳化測試並不打算用來證明最佳化程序的有限性，僅是舉例說明這個論點而已。

　　總之，經過最佳化的程序挑選的參數組合，其長期績效是否優於隨機挑選的參數組合，這是一個非常值得懷疑的問題。為了避免任何的混淆，讓我進一步釐清這項陳述，我並沒有說最佳化程序毫無價值。首先，如同前述的說明，最佳化程序可以剔除不理想的極端參數值（以前述的突破系統為例，N≤20），界定參數值的合理區間。另外，對於某些系統來說，除了剔除極端的參數值之外，最佳化程序確實有助於選擇參數值。可是，我希望強調一點，最佳化程序所能夠提供的助益非常有限，遠低於一般認定的程度；因此，交易者應該首先考慮最佳化程序的假設是否成立，不應該盲目相信這些假設。

測試與套入

　　測試期間內的最佳參數組合，其績效大約可以代表未來的潛在績效；這或許是商品交易系統使用者所做的最嚴重錯誤假設。如同前一節的說明，這類的假設將顯著高估系統的潛在績效。請注意，期貨價格的波動具有相當程度的隨機性質。所以，「醜陋的真理」是：在任何特定期間內，那一個參數組合將有最佳的表現，這大體上是巧合的問題。根據機率法則顯示，即使是一套毫無意義的交易系統，只要接受測試的參數組合夠多，還是有某些參數組合可以提供理想的歷史績效。利用最佳化參數組合來評估一套系統，這相當於是把系統套入歷史資料中，絕對不是測試系統。可是，如果不能透過最佳化參數組合來衡量績效，那應該如何評估交易系統呢？以下將提出兩種可能的方法。

盲目的模擬

在盲目模擬（blind simulation）的過程中，決定最佳化參數值的測試期間故意不包括最近的年份。然後，根據選定的參數組合，在隨後的期間內測試系統的績效。如果可能的話，這種程序應該重複數次。

請注意，盲目模擬可以避開「套入資料」的缺點，因為模擬期間內衡量績效的參數組合，其數值的決定是採用先前的資料而不是模擬期間內的當期資料。在某種意義層面上，這種模擬方法可以反映實際的交易（換言之，我們首先必須根據過去的資料決定參數組合，然後運用於目前的資料中）。

前一節的最佳化測試，就採用這類的程序。首先利用系統在 1981~1988 期間的交易結果，決定表現最佳的參數組合；然後利用該參數組合，在 1989~1990 期間內測試系統的績效。其次，我們重複前述的程序，利用系統在 1983~1990 期間的交易結果，決定表現最佳的參數組合；再利用該參數組合，在 1991~1993 期間內測試系統的績效。最後，利用系統在 1985~1992 期間的交易結果，決定表現最佳的參數組合；再利用該參數組合，在 1993~1994 期間內測試系統的績效。

請注意，模擬與最佳化的期間不應該相互重疊，這是重點所在。如果模擬與最佳化的期間完全相同，結果將毫無意義。

參數組合的平均績效

計算參數組合的平均績效，應該在進行模擬之前就決定接受測試的所有參數組合。然後，根據所有選定的參數組合進行模擬，計算所有參數組合的平均績效，藉以代表系統的潛在績效。這種方法是有效的，因為在實際的交易中，你能夠透過擲飛鏢的方式，隨機選取參數值區間內的某參數組合。如果投擲飛鏢的次數夠多，結果就代表平均績效。可是，請注意，務必根據所有的參數組合計算平均績效，不能僅選用獲利的參數組合。在未來的實際交易中，交易者還是可以採用最佳化的參數組合（而不是隨機選取），但系統績效的評估必須採用所有接受測試的參數組合（這對應於隨機選取的程序）。

盲目模擬的方法或許最能夠複製實際的交易情況。可是，參數組合的平均績效或許是最保守的評估方法，運算過程也相對單純。這兩種方法都代表系統測試的有效程序。

最後補充一點：在交易系統的廣告用詞中，「模擬的結果」經常都是最佳化結果的美化代用詞（換言之，這些結果並不是來自於盲目測試）。若是如此，這些結果的參考價值應該等於該系統的投資價值：零。下一節將詳細討論模擬結果的濫用與扭曲。

模擬結果的真實面

最佳化程序是否有助於系統的未來績效，這雖然還有討

論的餘地,但有一點絕對沒有疑問:最佳化參數組合的績效將嚴重扭曲系統的未來績效。本章稍早已經討論這方面的理由,就任何特定系統來說,兩個期間內的最佳參數組合幾乎完全沒有關連。因此,假定過去某最佳參數組合的績效可以普遍代表系統的績效,這是完全不切實際的假設。

在期貨界打滾多年以來,我對於模擬結果的態度可以歸納如下:葛萊欽貨幣法則的史瓦格模擬補充定理。我們在經濟學原理中讀到葛萊欽的「劣幣驅逐良幣」法則。根據葛萊欽的說法,如果有兩種貨幣在流通中(例如:金幣與銀幣)而兌換的比率不合理(舉例來說,16:1),則劣幣(價值高估者)將驅逐良幣。如果 1 個金幣的價值遠超過 16 個銀幣,在 16:1 的固定兌換比率之下,銀幣將使金幣退出流通(人們會收存金幣)。

我的補充定理:「劣模擬驅逐良模擬」。所謂「劣」是指模擬建立於不合理的假設之上,而不是指績效很差而言。事實上,模擬績效很差的系統已經是屬於瀕臨絕種的東西。

我經常看到一些足以讓眼球蹦出來的系統,它們宣稱每年的獲利是 200%、400%或 600%。讓我們保守一點,假定每年的報酬率是 100%。就這個報酬水準來說,$100,000 的資金在 13 年內將成長為$10 億。那它們究竟是如何辦到的?答案是它們辦不到。就事後的角度而言,我們幾乎可以建立任何歷史績效的交易系統。如果任何人希望透過合理的模擬結果來推銷交易系統或軟體,必定會成為天大的笑話。因此,我相信不

合理的（劣）模擬將驅逐合理的（良）模擬。

如何扭曲模擬的結果？主要的方法有幾種：

1.　**（再論）精選的範例.**　系統推銷者可以挑選最佳的市場、最佳的年份與最佳的參數組合。如果我們利用 100 個參數組合，在 25 個市場針對 15 年的資料測試一套系統，結果將有 37,500（25×15×100）個一年份績效。在這 37,500 個數據中，總是可以找到所需要的對象。舉例來說，如果你拿 10 個銅板投擲 37,500 次，偶爾總是會出現 10 個正面的情況。事實上，平均只要投擲 1,024 次就足以得到 10 個正面。

2.　**微調.**　針對虧損的期間，增添系統的參數或法則，你幾乎可以創造任何的歷史績效。

3.　**忽視風險.**　推銷廣告中的系統經常是根據保證金或偏低的資金水準計算報酬率。這可以讓報酬率膨脹數倍。如此一來，風險也隨之增加，但這顯然不在廣告文宣的處理範圍之內。

4.　**忽略虧損的交易.**　在系統廣告或手冊的走勢圖中，我們經常看到某些符合特定條件的買／賣訊號，但如果這些訊號將造成虧損，就故意被省略了。

5.　**最佳化，最佳化，最佳化.**　最佳化程序（換言之，挑選過去表現最理想的參數組合）可以顯著提昇系統的歷史績效。如果僅根據某個市場的最佳化參數組合評估系統的績效，只要是你想得出來的系統大概都不會

太差。接受測試的參數組合愈多，可供挑選的歷史績效也愈多，潛在的模擬報酬率也愈可觀。

6. **不切實際的交易成本.** 模擬的測試結果經常僅涵蓋交易佣金，沒有考慮滑移價差（如果採用市價單或停止單，訊號價格與實際成交價格之間的差值）。對於進出頻繁的系統來說，忽略滑移價差可能意味著一部賺錢機器在現實交易中將變爲帳戶終結者。

7. **純屬虛構.** 雖然很容易建構歷史績效優越的交易系統，但還是很多人懶得「多此一舉」。舉例來說，期貨市場不斷冒出一些無名小卒，推銷各種$299 的交易系統，Bruce Babcock 在《商品交易者消費者報告》中把這些人貼上「$299 傢伙」的標籤。

當然，前述的指責並不是一根竹竿打翻所有的系統推銷者或模擬績效。確實有很多人是秉持著嚴格的態度從事模擬測試。可是，不幸地，經過多年來的濫用之後，任何的模擬結果現在都很難令人採信。廣告中的模擬績效，就像餐廳老闆對自家菜色的評論——老王賣瓜，自賣自誇。我相信你沒有看過任何的模擬結果，顯示該系統在 1987 年 10 月 16 日收盤時做多 S&P。如此說來，模擬的結果還有意義麼？有的，如果你自己是系統設計者，而且你知道自己在做什麼（換言之，利用前一節介紹的模擬方法），或者，你絕對相信系統設計者的人品與能力。

在眾多市場中進行測試

　　雖然任何的系統都不可能適用於每個市場；可是，大體上來說，一套理想的系統應該可以在大部分的市場中獲利（舉例來說，85%或以上）。事實上，當我們針對某個市場挑選交易系統時，除了評估系統在特定市場的績效以外，還應該考慮它在許多其他市場中的整體表現。當然，這個說法還是有一些例外。如果系統內運用基本面的資料，根據定義就僅適用於某特定市場。另外，某些市場的行為非常特別（例如：股價指數），所以針對該市場設計的系統顯然不適用於其他市場。

　　如果要在眾多市場構成的交易組合中進行測試，首先必須設定不同契約的構成比例。這類的測試經常假定系統將交易每個市場的一口契約。可是，這種處理方式顯然有問題。第一，市場之間的波動情況不相同。舉例來說，如果交易組合內包含一口咖啡契約與一口玉米契約，績效將比較仰賴咖啡的交易結果。第二，某些市場之間存在高度的相關性（例如：德國馬克與瑞士法郎），所以這些市場在交易組合內的權數應該調降[8]。

　　總之，在進行系統測試之前，首先必須決定資金在各個市場之間的配置百分率。然後根據這些資金配置的相對權數，決定每個市場所應該交易的契約口數。請注意，只要績效是以百分率而不是絕對金額來衡量，每個市場實際交易的契約口數

---

[8] 就交易本身而言（不是歷史測試），如何決定交易組合中各種市場契約數量的比例關係，歷史績效將是第三個影響因子。可是，就目前所考慮的測試程序，顯然不應該納入這個因子，因為這會造成測試結果的偏頗。

並不重要,唯一的考量是契約數量之間的比率關係。

負面的績效

我們不可忽略負面績效所提供的潛在價值。分析某套系統在何種狀況下出現不理想的績效,或許可以發現過去所疏忽的系統弱點,甚至於找到改善的方法。當然,更改法則而提昇某些不理想的交易,這並不能證明什麼。可是,如果這類的修正能夠普遍適用於所有的參數組合與市場,那就另當別論了。總之,負面的績效經常可以提供新的觀念,藉以改善系統的整體表現。脫序現象往往是追求普遍真理的催化劑,已故的小說家 John Gardner 曾經說過:「完美的世界裡沒有思考的必要。我們思考,正是因為某些事情出了差錯。」

如果一套系統能夠適用於大多數的市場與大多數的參數組合,個別的失敗案例就可以讓我們由錯誤中學習。可是,如果某套系統普遍不適用於眾多的市場與參數組合,負面的績效就沒有多大的參考價值,除非績效實在非常差。就後者而言,我們或許可以針對交訊號反向操作。舉例來說,如果測試某套順勢交易系統,結果顯示它在大多數的市場中總是造成穩定的虧損,這或許代表你無意中發現一套有效的逆勢交易系統。這類的發現雖然有傷你的自尊,但可能幫助你的未來交易。

當然,某套系統呈現穩定的虧損,這並不代表反向操作就可以獲利,因為大部分的虧損可能來自於交易成本。所以,

一旦考慮交易成本之後，逆向操作也是虧損。本章稍早所提到的「精選範例」就是屬於這種情況。讓我們再舉一個例子。假定某套系統每年發生$3,000 的損失；乍看來，反向操作的策略似乎頗為可行。可是，如果虧損中有三分之二是來自於交易成本，反向操作的結果將是每年損失$1,000。（這個例子假定每年的交易成本是$2,000，原本的交易淨損失是每年$1,000。反向操作可以由交易中獲利$1,000，扣除$2,000 的交易成本之後，每年的淨損失是$1,000）。教訓：如果你準備設計一套爛系統，那就必須夠爛才有價值。

交易系統的建構與測試步驟

1. 取得測試所需要的所有資料。重複強調一次，除了短線的交易系統可以採用實際的契約資料之外，最好是採用連續期貨的價格資料（不可與最近期貨或永續價格相互混淆）。

2. 界定系統的觀念。

3. 根據前述的觀念，將產生交易訊號的法則設定為電腦程式。

4. 選擇少數的市場與小段的期間。

5. 根據前者與某特定的參數組合計算交易訊號。

6. 繪製前述市場與期間的連續期貨走勢圖，拷貝數份備用。

7. 將第 5 步驟的交易訊號標示在第 6 步驟的走勢圖中。
（務必確定第 5 與第 6 步驟是採用相同的價格數列）。
這是很重要的一個步驟。相對於檢視電腦輸出資料來
說，我覺得直接觀察走勢圖上的交易訊號更容易找到
系統的瑕疵。

8. 觀察系統是否按照你的想法運作。經過仔細的核對之
後，幾乎一定會找到某些「意外」的結果，理由可能
是因為下列幾點：

a. 程式有問題；

b. 程式中的法則沒有考慮到某些情況，或造成預期
之外的反應。

　　就後者而言，系統可能在應該產生訊號的情況
下沒有產生訊號；在不應該產生訊號的情況下產
生訊號；系統法則可能造成某種意外的情況，使
得無法產生新訊號或部位將無限期持有。這些問
題之所以產生，通常都是因為沒有注意到一些細
節。

　　系統的法則需要調整，藉以排除程式的錯誤或
訊號的不一致性。請注意，這類的調整僅應該讓
系統的訊號充分反映你的想法，絕對不可以在這
個發展階段基於績效的考量而修改系統法則。

9. 完成必要的修正之後，重複第 7 與第 8 步驟。尤其必
須注意修正訊號與原先訊號的變化，理由有兩點：

a. 程式變動是否滿足你所需要的調整；

b. 相關的變動確實沒有造成意外的副作用。

10. 一旦確定系統按照你的想法運作，而且所有的相關法則與細節都充分界定之後，才可以進行正式的系統測試。（進行測試之前，接受測試的交易組合必須設定妥當。）

11. 如同本章稍早的說明，績效的評估應該採用所有接受測試的參數組合平均值，或是採用盲目模擬。（前者比較單純。）

12. 針對相同的交易組合與測試期間，比較該系統與基本系統（例如：突破系統與移動平均穿越系統）的結果。該系統的報酬／風險結構應該顯著優於基本系統，即使績效類似，該系統在各種市場中的普遍適用性也應該高於基本系統，如此該系統才具有真正的價值。

前述的步驟代表一組嚴格的程序，避免測試績效因為「後見之明」而發生向上的偏頗。基於這個緣故，絕大部分接受測試的系統都不能滿足第 12 步驟。設計一套真正傑出的系統，其中的困難程度遠超過一般人的想像。

系統測試的相關評論

1. 在順勢系統中，辨識趨勢的基本方法（例如：突破或移動平均穿越）很可能是最不需要花費心思的部分。套用 Jim Orcutt 的說法，順勢交易系統僅有兩種類型：快速與慢速。所以，設計一套順勢交易系統，重點應

該擺在相關的修正上（例如：降低不理想交易的過濾
與確認法則，根據市況的調整，加碼的法則，停損的
法則），而不需試圖尋找趨勢的更理想界定方法。

2. 複雜本身並不代表優點。採用系統的最簡單格式，其
績效未必不如更複雜的版本。

3. 分散交易通常都是基於風險控制的考量。可是，還有
另一個理由而應該儘可能交易眾多的市場：掌握期貨
市場中偶爾發生的重大走勢。確實掌握主要的趨勢，
這是非常重要的概念——這可能是平庸表現與傑出績
效之間的分野。1994 年的咖啡市場（參考第 1 章的
圖 1.2）與 1979~1980 期間的白銀市場（參考第 1 章
的圖 1.1）就是典型的例子，它們對於交易組合的績
效非常重要。

4. 如果資金充裕的話，除了市場之外，分散交易的觀念
也應該延伸到系統。同時採用數種系統，將有助於績
效的穩定性。最理想的分散是同時採用順勢、逆勢與
型態辨識的系統。（可是，這是不容易達成的目標，
因為逆勢與型態辨識系統的設計困難程度遠超過順勢
系統。）

5. 如果資金充裕，最好採用數個不同的參數組合，不要
把所有的雞蛋放在最佳化的單一參數組合上。

6. 一般來說，最佳化程序的功能被過度渲染。

7. 基於前述的理由，絕對不應該根據最佳化的績效評估
系統的相對價值。本章曾經介紹兩種系統測試的合理

幾乎都是採用精選的範例。

9. 如果分析成功的交易系統，可以發現一種普遍的現象，它們可以掌握重大的獲利機會，偶爾發生重大的損失。這意味著系統的成功關鍵在於遵守一項重要的原則：讓獲利繼續發展而迅速認賠。

10. 不可以因為價格波動轉劇而避免交易該市場。事實上，波動最劇烈的市場，往往也最有獲利的機會。

11. 如果系統的普遍績效很理想，應該留意發生重大虧損的個案，因為它們或許可以提供修正系統的線索。

12. 請注意，交易的結果往往是反映市場的演變而不是系統的績效。舉例來說，請參考圖 20.3，如果系統在 1992 年 9 月初放空英鎊，當部位得以反轉時，已經吐回所有的未平倉獲利，這個結果不一定代表系統的風險控制有問題。任何的順勢系統都會遭逢相同的命運。當價格轉強的第一個徵兆出現時，價格已經向上穿越 14 個月的交易區間。事實上，就在一天之前，市場還處在 14 個月交易區間的下緣！

　　這個例子可以說明，我們絕對不應該在真空狀態中評估系統的價值。某些情況下，不理想的績效僅是反映任何類似系統都不能避開的市場演變。同理，傑

圖 20.3

交易結果反映市況而不是系統特質：

放空英鎊連續期貨

出的績效也可能僅是反映市況的演變而與該系統的
優越性全然無關。所以，當我們評估一套系統的績效
時，應該比較某基準系統在同一個期間與市場中的表
現。（就順勢系統來說，基準的系統可以是簡單的突
破系統或移動平均穿越系統。）

13. 系統測試應該採用連續期貨價格數列。

14. 系統的設計與「排除瑕疵」（debugging）過程中，僅
利用一小部分的資料（換言之，某些市場的一小段資
料）。

15. 在走勢圖中標示交易訊號的註解，藉以協助排除系統的瑕疵。

16. 在核對系統訊號的精確性與完整性過程中，所做的任何修正（由於當初沒有注意到的法則意涵或相關細節）都不應該考慮樣本測試績效所受到的影響。

❖ 21 ❖ 衡量交易績效

> 對於每一個複雜的問題，都有一個簡單明
> 瞭而錯誤的答案。
>
> H. L. Mencken

績效常態化的必要性[1]

關於基金經理人的績效評估[2]，許多投資者總是專注於報酬。事實上，評估過程中絕對有必要納入某種風險的考量。

請考慮圖 21.1 中 A 經理人與 B 經理人的帳戶淨值（equity）波動情況[3]。雖然 A 經理人在整段期間內的報酬比較高，但他的績效絕對沒有比較理想——請注意淨值的巨幅折返。

---

[1] 這一節是取自 J. Schwager, "Alternative to Sharpe Ratio Better Measure of Performance," *Futures*, pp. 56~57, March 1985.

[2] 在期貨界，大部分的基金經理人都是在「商品期貨交易委員會」註冊有案的「商品交易顧問」（commodity trading advisors, CTAs），後者並不是一個適當的名稱。本章將採用比較普遍性的名稱「基金經理人」，這是泛指 CTAs 而言。

[3] 本章所討論的績效評估，大多是以基金經理人為例子，但它們大體上也適用於交易系統。基金經理人與交易系統的績效評估差異，我們將在適當的場合說明。

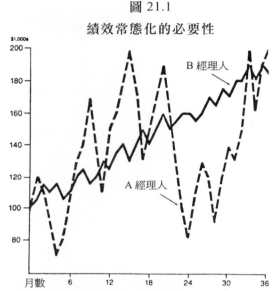

圖 21.1
績效常態化的必要性

資料來源：J. Schwager, "Alternative to Sharpe Ratio Better Measure of Performance," *Futures*, pp. 56~57, March 1985.

　　對於 A 經理人管理帳戶中的投資者來說，淨值巨幅波動的負面影響不僅在於心理層面的壓力而已，還有一個更嚴重的實質考量。如果投資者的時機選擇不當，將蒙受實際的損失，這是非常可能發生的事件。事實上，假定根據契約的規定，每當起始淨值發生 25~50%的損失，帳戶將關閉。在這種情況下，在淨值下一波反彈之前，A 經理人的投資者可能已經出局了。

　　我們可以合理假定大多數的投資者都偏愛 B 經理人，雖然他的報酬稍低於 A 經理人，但帳戶所承擔的風險遠較為低。

另外，如果 B 經理人採用稍高的保證金／淨值比率，他的報酬可能高於 A 經理人，而且還可以保持較低的淨值折返。（基於資金管理的風險原則，所有的經理人都會侷限部位的數量，使得履約保證金的總金額遠低於當時的帳戶總淨值；一般來說，保證金／淨值比率大約在 0.15~0.35 之間。）

顯然地，B 經理人的績效紀錄比較理想。如同這個例子所顯示，任何的績效評估方法都必須納入風險考量才有意義。

夏普率

金融投資界很早就理解績效評估必須納入風險因子的必要性。夏普率（Sharpe Ratio）是典型的報酬／風險衡量，計算公式可以表示為：

$$SR = \frac{E - I}{sd}$$

其中　$E =$ 期望報酬
　　　$I =$ 無風險利率
　　sd $=$ 報酬的標準差

E 是表示為百分率格式的報酬，通常是反映過去的平均報酬。所以，雖然 E 習慣上都稱之為期望報酬（換言之，適用於未來的期間），但實際上是指過去的平均報酬而言。

夏普率中考慮 I，這是因為投資者的資金必定可以賺取某無風險（risk free）的報酬——舉例來說，投資國庫券。所以，報酬中超過無風險報酬的部分，其意義勝過絕對的報酬水準。

標準差（standard deviation）是一種統計量，藉以衡量資料的離散程度。標準差的計算公式如下：

$$sd = \sqrt{\frac{\sum_{i=1}^{N}\left(X_i - \overline{X}\right)^2}{N-1}}$$

其中　$\overline{X}$ ＝ 平均數
　　　X_i ＝ 個別資料值
　　　N ＝ 資料點的數量

在夏普率的運用中，N 是等於時間單位的數量。舉例來說，如果調查期間是三年，時間單位為月份，$N=36$。

計算標準差的過程中，需要挑選一個時間單位做為衡量淨值資料的基準（例如：週或月）。舉例來說，假定某年的報酬率資料是以週為衡量單位，如果個別週的報酬率經常明顯偏離平均報酬率，標準差將很大；如果個別週的報酬率大多集中在平均報酬率附近，標準差將很小。請參考圖 21.2，其中兩組資料的週平均報酬率相等，但由於個別週報酬率的離散程度不同，造成顯著不同的標準差。

在夏普率的結構中，標準差是一種風險衡量。換言之，

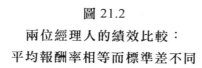

圖 21.2
兩位經理人的績效比較：
平均報酬率相等而標準差不同

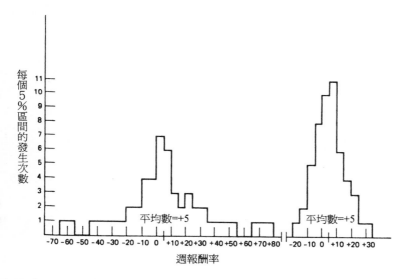

個別的報酬率愈偏離平均報酬率，投資的風險愈高。原則上，標準差是衡量報酬的不確定性。根據直覺的判斷，如果標準差很小，實際報酬率將非常接近期望報酬率（當然，這必須假定期望報酬率是實際報酬率的理想指標）。在另一方面，如果標準差很大，這意味著實際報酬率很可能顯著偏離期望報酬率。

　　對於基金經理人來說，夏普率的計算很單純，因為我們知道衡量報酬率的資金數量。交易系統的情況顯然不是如此。所以，夏普率在交易系統中的運用，需要採用下列兩種方式之一：

1. 估價交易系統所需要運用的資金，然後利用這個數據來計算報酬率。

2. 不考慮夏普率定義中的無風險利率 I。（如果採用這種格式的夏普率，就不需要估計交易系統的運用資金，下文將解釋這點。）所以，夏普率可以簡化爲：

$$SR = \frac{E}{\text{sd}}$$

除了很小的帳戶之外，絕大部分的交易帳戶都可以利用國庫券充當履約保證金。由於商品交易者並不會犧牲無風險利率，所以我們有理由採用簡化格式的夏普率。對於基金經理人來說，還有另一個理論上的理由採用簡化格式的夏普率：如果經理人擴大槓桿倍數，夏普率將增加——不理想的性質——但簡化的格式不會受槓桿倍數影響。

就 E/sd 的格式來說，E 不論是表示爲絕對金額或百分率，夏普率都相同。這是因爲標準差也採用對應的衡量單位。分子與分母同時出現的資金數據將相互沖銷[4]。爲了說明方便起見，本章往後都將採用簡化格式的夏普率，但這並不會真正影響理論上或實務上的任何論點。

---

[4] 此處有一個隱含的假定，交易資金數量爲固定（抽出獲利而補足虧損）。換言之，不考慮複利的效果（再投資的獲利或損失所造成的投資金額減少）。一般來說，複利報酬是比較理想的基準，但交易系統不需估計交易資金的優點遠甚於複利的優點。另外，如果比較兩套系統，非複利報酬高的系統，它的複利報酬通常也比較高。

夏普率的三個問題

夏普率雖然是很有效的績效衡量方法，但還是有一些潛在的缺失[5]：

1. 夏普率的獲利衡量. 年度化的月份報酬（或其他時間單位）比較適用於衡量次一時間單位的績效，相對不適用於衡量長期的績效。舉例來說，假定某位基金經理人在一年之內首先發生六個月的 40%獲利，其次是六個月的 30%虧損。年度化的月份報酬率是 60%（12×5%）。可是，如果部位規模是根據既有淨值調整（通常都是如此），實際的年度報酬率是–11%。這是因為年初的每一塊錢淨值，年底都僅剩下 $0.8858（$1.40^6×0.70^6=0.8858$）。

如同這個例子所顯示的，如果你希望衡量長期的潛在績效而不是下一個月的績效（或其他時間單位），夏普率所提供的資料將造成嚴重的扭曲。可是，如果夏普率計算公式的分子部分是採用年度化的幾何平均報酬率——而不是算術平均報酬率——前述的問題就可以克服。年度的幾何平均報酬率恰好對等於平均年度複利報酬率，細節請參考本章稍後論的報酬折返比率。

2. 夏普率並不區別向上與向下的淨值波動. 夏普率是衡量波動的程度而不是風險。這兩者並不是相同的觀念。

---

[5] 這一節是取自 J. Schwager, "Alternative to Sharpe Ratio Better Measure of Performance," *Futures*, pp. 56~57, March 1985.

　　就夏普率中所採用的風險衡量來說——換言之，報酬的標準差——淨值的向上與向下波動都代表相同的「壞成份」。所以，如果帳戶淨值偶爾會向上大幅增加，但向下折返的程度始終很小，這種績效在夏普率中將受到懲罰。

　　請參考圖 21.3，C 經理人操作的帳戶淨值始終沒有折返，中間夾雜著偶爾的大幅上升；D 經理人的帳戶淨值曲線則呈現曲折狀的成長。雖然兩位經理人在這段期間內實現的獲利都相同，並且 D 經理人的淨值經常折返而 C 經理人的淨值完全沒有折返，但夏普率認為 D 經理人的績效比較理想（參考表 21.1）。為什麼？因為夏普率認為向上的淨值波動與向下的淨值波動都同樣應該受到懲罰。

圖 21.3

比較：淨值向上波動而沒有折返／曲折狀成長

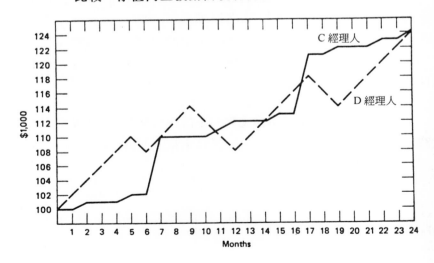

表 21.1

比較兩位經理人的報酬

月份	C 經理人		D 經理人	
	淨值變動	累積淨值變動	淨值變動	累積淨值變動
1	0	0	2000	2,000
2	1,000	1,000	2000	4,000
3	0	1,000	2000	6000
4	0	1,000	2000	8,000
5	1,000	2,000	2000	10,000
6	0	2,000	−2000	8,000
7	8,000	10,000	2000	10000
8	0	10,000	2000	12,000
9	0	10,000	2000	14,000
10	0	10,000	−2000	12,000
11	1,000	11,000	−2000	10,000
12	1,000	12,000	−2000	8,000
13	0	12000	2000	10,000
14	0	12,000	2000	12000
15	1,000	13,000	2000	14,000
16	0	13,000	2000	16,000
17	8,000	21,000	2000	18,000
18	0	21,000	−2000	16,000
19	1,000	22,000	−2000	14,000
20	0	22000	2000	16,000
21	0	22,000	2000	18000
22	1,000	23,000	2000	20,000
23	0	23,000	2000	22,000
24	1,000	24,000	2000	24,000

平均月份報酬 = 1,000 　　　　　　平均月份報酬 = 1,000

$$SR_C = \frac{E}{sd} = \frac{\dfrac{24000}{2}}{\sqrt{12} \cdot \sqrt{\dfrac{14(1000-0)^2 + 8(1000-1000)^2 + 2(1000-8000)^2}{23}}} = 1.57$$

$$SR_D = \frac{\dfrac{24000}{2}}{\sqrt{12} \cdot \sqrt{\dfrac{18(1000-2000)^2 + 6(1000+2000)^2}{23}}} = 1.96$$

期望報酬 E 等於期間內淨值總獲利除以年數,相當於平均月份報酬乘以 12。年度化的標準差等於月份報酬的標準差乘以 $\sqrt{12}$ [a]。

---

[a] 將某時間單位的期望(平均)報酬年度化,需要乘以一年之內的時間單位(月份資料為 12)。
將某時間單位的標準差年度化,需要乘以一年之內的時間單位平方根(月份資料為 $\sqrt{12}$)。
如果各個時間單位(例如:月份)的分配相互獨立,較長期間(例如:年)的變異數等於較短期間變異數乘以期間數量(例如:12)。所以,較長期間的標準差等於較短期間標準差乘以期間數量的平方根(因為標準差是變異數的平方根)。

3. 夏普率並不區別間斷虧損與連續虧損. 夏普率的風險衡量（標準差）不考慮各種資料點的發生順序。

圖 21.4 顯示 E 經理人與 F 經理人所各自管理的$100,000 帳戶淨值變動情況。兩者的總獲利都是$48,000，相當於每年的獲利為$24,000。可是，E 經理人總是交替發生$8,000 的月份獲利與$4,000 的月份損失，F 經理人則在最初 12 個月發生$48,000 的損失，接著在隨後的 12 個月內出現$96,000 的獲利。

兩位經理人的夏普率完全相同。雖說如此，但很少投資人認為兩個帳戶的風險完全相等。絕大部分的人都認為 F 經理人的風險比較高。

圖 21.4
比較兩位經理人的績效：
報酬率與標準差都相同
但月份獲利的發生順序不同

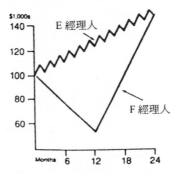

資料來源：J. Schwager, "Alternative to Sharpe Ratio Better Measure of Performance," *Futures*, pp. 56~57, March 1985.

報酬折返率

　　報酬折返率（return retracement ratio，RRR）所提供的報酬
／風險衡量，可以避開前一節所討論的夏普率缺失，而且它也
可以反映大多數交易者對於風險的實際感受。RRR 是表示為
年度化平均複利報酬（R）除以平均最大折返（average maximum
retracement，AMR）：

$$RRR = \frac{R}{AMR}$$

　　R 相當於是由期初淨值演變為期末淨值的年度複利報酬率
（期初與期末是指整個調查期間而言）。AMR 是每個資料點（例
如：每個月）的平均最大折返（maximum retracement，MR），
其中 MR 是等於下列兩者的較大者：

1. 　由先前淨值峰位衡量的最大折返（maximum retracement
from a prior equity peak，MRPP）

2. 　到隨後淨值低點的最大折返（maximum retracement to
subsequent low，MRSL）

　　猶如名稱所顯示，MRPP 是衡量淨值由先前最高點下跌的
百分率。事實上，對於每個資料點（例如：月底），MRPP 是
衡量交易帳戶的某位投資者在理論上所已經發生的最大淨值折
返。換言之，如果投資者在最糟的時間（先前的淨值峰位）參
加交易帳戶，MRPP 相當於是他所實現的最大累積虧損。請注
意，如果某個月發生新的淨值高點，該資料點的 MRPP 為零。

MRPP 有一個問題，早期資料點的跌幅衡量值將低估，因為發生的資料點比較少。換言之，如果存在更多的資料點，這些資料點的 MRPP 很可能比較大。

同理，MRSL 是衡量淨值下跌到隨後最低點的百分率。事實上，對於每個資料點（例如：月底），MRSL 是衡量投資者在該月份參加交易帳戶所將發生的最大淨值折返——換言之，該投資者在隨後淨值低點所實現的最大累積虧損。請注意，如果某個月發生新的淨值低點，該資料點的 MRSL 為零。MRSL 有一個問題，後期資料點的跌幅衡量值將低估。換言之，如果存在更多的資料點， MRSL 很可能比較大——因為隨後淨值的真正低點可能還沒有發生。

MRPP 與 MRSL 是屬於互補的衡量值。請注意，當某個衡量值最可能低估時，另一個衡量值最不可能低估。基於這個理由，每個資料點的 MR 是定義為該資料點 MRPP 與 MRSL 的較大者。所以，MR 是代表每個資料點（例如：月底）的真正最糟情況。AMR 則是這些最糟情況的平均值。這種衡量方法的周全性超過單一的最糟衡量值——最大跌幅（maximum drawdown）。

報酬折返率（RRR）的數學推演過程如下：

$$RRR = \frac{R}{AMR}$$

其中 R=平均的年度複利報酬率（演算方法參見下文），

$$ARM = \frac{1}{n} \sum_{i=1}^{n} MR_i$$

其中 $n=$ 調查期間的月數。

$$MR_i = \max\left(MRPP_i, MRSL_i\right)$$

其中

$$MRPP_i = \frac{PE_i - E_i}{PE_i}$$

$$MRSL_i = \frac{E_i - ME_i}{E_{i-1}}$$

其中　　E_i = 第 i 個月底的淨值

　　　　PE_i = 第 i 個月份或之前的淨值峰位

　　　　E_{i-1} = 第 $i-1$ 個月的月底淨值

　　　　ME_i = 第 i 個月份或之後的淨值最低點

請注意，$MRPP_1$ 等於 0，$MRSL_n$ 等於 0。

平均年度複利報酬率（R）的推演過程如下[6]：

$$S(1+R)^N = E$$

其中　　S = 期初淨值

---

[6] 以下的推演過程是取自 J. Schwager, "Alternative to Sharpe Ratio Better Measure of Performance," *Futures*, pp. 56~57, March 1985.

E = 期末淨值

N = 年數

R = 平均年度複利報酬率（小數格式）

為了計算 R，前述方程式可以表示為：

$$R = \sqrt[N]{\frac{E}{S}} - 1$$

為了方便於運算，方程式的右側先取對數而再取反對數函數：

$$R = \text{anti log}\left[\frac{1}{N}(\log E - \log S)\right] - 1$$

舉例來說，如果期初淨值為 \$100,000，四年之後成長為 \$285,610，平均年度複利報酬率 0.30（30%）[*]：

$$R = \text{antilog } [\frac{1}{4}(\log 285,610 - \log 100,000)] - 1$$
$$= \text{antilog } [\frac{1}{4}(5.4557734 - 5)] - 1$$
$$= \text{antilog } [0.11394335] - 1 = 0.30$$

RRR 的運算可以直接應用來評估基金經理人的績效，因為每個資料點的帳戶淨值都是已知數。可是，就交易系統來說，

---

[*] 利用 EXCEL 計算 RRR 的例子，請參考 *Schwager on Futures：Managed Trading*。

淨值爲未知數；僅知道每段期間的金額獲利／虧損。如果我們不知道系統交易所需要的資金，如何計算報酬率或折返率呢？答案很簡單，因爲 RRR 的數值不會受到資金大小的影響[7]，可以採用任何的數值。雖然資金大小不會影響 RRR，但還是應該挑選合理的數據，我們可以假定系統交易所需要的資金等於最大金額虧損的四倍。舉例來說，如果某套交易系統的最大損失是$50,000，交易該系統的資金假定爲$200,000。

一旦決定交易系統所需要的資金規模（換言之，帳戶規模），每月份的淨值數據可以根據下列方式推演：

1. 每個月份的盈／虧金額數據除以相同的帳戶規模，藉以計算每個月的報酬率數據[8]。

2. 利用假定的帳戶規模與先前計算的月份報酬率，我們可以推算整體系列的月份淨值水準。舉例來說，假定帳戶規模是$200,000，最初四個月的報酬率是+4%、−2%、−3%與+6%，則對應的月份淨值水準是：

   起始 = $200,000
   第 1 個月底 = ($200,000)(1.04) = $208,000

---

[7] 在 RRR 計算公式中，分子與分母的除數都是帳戶資金規模而相互抵銷（分子的被除數是盈虧金額，分母的被除數是折返金額）。舉例來說，如果帳戶資金規模增加一倍，盈虧金額與折返金額也會增加一倍，使得 RRR 維持不變。

[8] 請注意，此處有一個隱含的假定，系統所操作的交易組合維持不變。換言之，系統不會因爲獲利而增加交易的契約口數，也不會因爲虧損而減少契約口數。（當然，在實際的交易中可能做這方面的調整。）所以，在這種情況下，我們可以利用任何固定的帳戶規模把月份的盈虧金額換算爲報酬率。

第 2 個月底 = ($200,000)(1.04)(0.98) = $203,840

第 3 個月底 = ($200,000)(1.04)(0.98)(0.97) = $197,725

第 4 個月底 = ($200,000)(1.04)(0.98)(0.97)(1.06) = $209,588

一旦取得月份淨值的數列之後，RRR 中的 R 與 AMR 計算程序完全類似於基金經理人的情況。

請注意，在實際的交易中，每個人都會根據自己的風險偏好調整帳戶的規模。實際採用的資金水準可能大於或小於系統最大損失的四倍。可是，不論交易系統所假定的帳戶規模如何，都不會影響系統的 RRR 數據。

年度的獲利／痛苦比率

年度的獲利／痛苦比率（annual gain-to-pain ratio，AGPR）是一種簡化格式的報酬折返率。AGPR 的定義如下：

$$AGPR = AAR \div AAMR$$

其中 AAR　＝ 年度報酬率的算術平均數

AAMR ＝ 平均年度最大折返率，每年的最大折返率定義為先前淨值高點（即使發生在前一年）對該年淨值低點的百分率

就報酬／折返的衡量來說，RRR 優於 AGPR，因為前者的風險運算同時考慮所有的資料點，不會透過人為方式侷限資

料（例如：行曆的年度）。可是，某些交易者或許偏愛採用 AGPR，因為其運算比較簡單，而且也比較具有直覺上的意義。舉例來說，如果 AGPR 為 3，這意味著年度報酬率是每年平均最大折返（由前一個峰位起算）的三倍。

最大損失的風險衡量

我們或許想知道某套系統所可能產生的最糟情況。換言之，在整個調查期間，如果由最糟的日期開始交易，系統所實現的最大淨值折返。最大損失（maximum loss，ML）即是最大的 $MRSL_i$（或 $MRPP_j$，兩者必然相等）；所以，

$$ML = max (MRSL_i)$$

$MRSL_i$ 的推演，請參考「報酬折返率」一節。

ML 不應該做為唯一的風險衡量指標，也不應該單獨做為報酬／折返率中的風險成分，因為其數值是取決於單一事件，不能充分反映系統的整體績效。另外，ML 與調查期間有密切的關係。系統或基金經理人的交易紀錄愈長，ML 愈可能偏高。可是，如果配合 RRR 運用，ML 確實可以提供重要的資訊。

交易績效的輔助衡量指標

除了前述討論的績效衡量觀念之外，下列的衡量指標或許也值得參考：

1. 每筆交易預期淨獲利. 每筆交易預期淨獲利（expected net profit per trade，ENPPT）可以表示為：

$$ENPPT = (\%P)(AP) - (\%L)(AL)$$

其中　%P = 所有交易中獲利筆數的百分率
　　　%L = 所有交易中發生淨損失的交易筆數百分率
　　　AP = 獲利交易的平均淨獲利
　　　AL = 虧損交易的平均淨虧損

如果 ENPPT 偏低，系統的獲利能力將因為下列原因而受影響：交易指令執行不當（滑移價差）、佣金增加或任何形式的交易成本增加。舉例來說，如果某套交易系統的 ENPPT 為 $50，它的功能將非常值得懷疑，不論其他績效衡量值多麼理想都是如此。ENPPT 的最大缺點是沒有納入風險的考量。另外，ENPPT 還有一個缺點，進出頻繁的系統將受到不合理的懲罰。舉例來說，我們如何評估下列兩套系統（假定淨值的波動很類似）：A 系統僅進行一筆交易而淨獲利為$2,000；B 系統在同一期間內進行 100 筆交易，它的 ENPPT 為$1,000。

2. 交易的盈 / 虧比率. 交易的盈 / 虧比率（traded-based profit/loss ratio，TBPLR）可以表示為：

$$TBPLR = \frac{(\%P)(AP)}{(\%L)(AL)}$$

這相當於是總獲利對總損失的比率。TBPLR 的優點是反映每單位痛苦所換取的獲利。這種衡量方法有三個缺點：(1)類似於 ENPPT，TBPLR 顯著不利於進出頻繁的系統。舉例來說，考慮下列兩個交易系統：

系統	平均獲利($)	平均損失($)	獲利筆數百分率(%)	虧損筆數百分率(%)	TBPLR
A	400	200	75	25	6
B	200	100	50	50	2

表面上看起來，A 系統似乎比較理想（更精確來說，理想三倍）。可是，根據下列資訊又如何判斷：如果 B 系統每年進行 100 筆交易，A 系統每年進行 10 筆交易，並且兩個系統的風險程度很類似（例如：AMR 很接近），交易所需要的資金數量相等。在這種情況下，B 系統的報酬率是 A 系統的兩倍[9]。(2)TBPLR 沒有考慮部位平倉之前所發生的損失。如果一筆交易在發生些許的獲利之前，曾經出現重大的虧損；另一筆交易立即實現相同程度的獲利。就 TRPLR 來說，這兩筆交易完全沒有差別，但交易者的實際感受恐怕不是如此。(3)TBPLR 並不區分連續發生或間斷發生的虧損——如果系統的虧損交易經

---

[9] 報酬率= (ENPPT×N)／F，其中 N=交易筆數，F=交易所需的資金（假定兩個系統相等）。A 系統的報酬率=(250×10)／F，B 系統的報酬率=(50×100)／F。

常集中在一起，這是非常嚴重的缺失。

應該採用那一種績效衡量指標？

　　如果希望透過任何資料點所可能發生的最糟情況來衡量風險，RRR 中的風險成分（換言之，AMR）較夏普率中的標準差更能夠反映風險的直覺感受，夏普率不區分突然發生的重大獲利與突然發生的嚴重虧損——對於大多數的交易者或投資者來說，這兩個事件所造成的感受並不對等。另外，夏普率也不能區分連續發生與間斷發生的損失，RRR 則反映這方面的差異。基於前述的理由，就報酬／風險的衡量來說，RRR 或許勝過夏普率。

　　雖說如此，RRR 也僅能夠配合而不是取代夏普率來衡量報酬／風險結構。理由：夏普率可以說是運用最普遍的報酬／風險衡量指標，但 RRR 幾乎完全沒有被運用（至少截至目前為止是如此）。因此，交易者或系統設計者還是需要計算夏普率，藉以進行相關的比較：CTA 的績效紀錄、業內的指數或其他投資交易工具。綜合夏普率與 RRR，可以充分顯示交易系統或基金經理人的相對績效。

　　除了報酬／風險的衡量之外，還應該計算「每筆交易預期淨獲利」（ENPPT），確定系統不會因為交易成本的微幅增加而受到威脅。核對「最大損失」（ML）可以避免災難性的連續虧損。最後，或許可以計算「年度的獲利／痛苦比率」

（AGPR），因爲這是直覺上很容易解釋的數據。

評估基金經理人的交易績效：
報酬 / 風險指標的不足之處

對於交易系統來說，採用報酬 / 風險指標與估計報酬率來評估各種交易系統，結果的績效順序將相互一致。這是因爲交易系統所需要的資金數量應該根據系統的估計風險來設定，所以前述的陳述可以成立。讓我們詳細說明其中的關連：

$$所採用的報酬 / 風險指標 = \frac{G}{R}$$

$$某套系統在特定市場的估計報酬率 = \frac{G}{F}$$

其中　G = 每口契約的平均年度報酬率

　　　R = 所採用的風險衡量指標（例如：標準差、AMR 或 ML）

　　　F = 交易配置的總資金

按道理來說，F 的數值應該是風險的函數。我們可以把 F 表示爲風險衡量值的乘數。換言之，

$$F = kR$$

其中，k = 風險衡量值的乘數（主觀決定）。所以，某套系統的估計報酬率可以表示爲：

$$\frac{\cdot G}{F} = \frac{G}{kR} = \frac{1}{k}\left(\frac{G}{R}\right)$$

請注意，G/R 是所採用的報酬／風險指標。所以，系統的報酬率等於某個常數乘以報酬／風險衡量值。雖然不同的交易者將選用不同的報酬／風險指標與 k 值，但這些項目一旦選定之後，系統經過報酬／風險指標與估計報酬率評估的績效順序將相同。另外，就系統的績效評估來說，風險百分率——定義為風險衡量值除以資金數量——也是常數（風險百分率=R/F =R/kR =$1/k$）。

在交易系統的績效評估中，雖然較高的報酬／風險比率必定對應較高的報酬率，但這種情況並不適用於基金經理人的績效評估。另外，風險百分率也不再是常數，而會隨著不同的經理人而變動。所以，即使某位經理人的報酬／風險比率高於另一位經理人，但報酬率卻可能比較低或風險百分率比較高。（這是因為在基金經理人的情況下，資金數量與風險之間的關連已經被破壞——換言之，對於既定的資金數量，不同的經理人所願意承擔的風險可能不同。）因此，評估不同的替代性投資對象，報酬／風險比率不再是充分的績效衡量指標。我們將利用夏普率來說明相關的論點，但類似的結論也適用於其他的報酬／風險衡量指標。（在以下的討論中，我們假定管理費用完全取決於獲利，利息收益不包括在經理人的績效報酬中，而是由投資人取得。所以，我們可以採用不包含無風險利率的簡化夏普率。）

假定我們持有下列兩位基金經理人的年度化統計數據：

	A 經理人	B 經理人
期望獲利	$　10,000	$　50,000
獲利的標準差	$　20,000	$　80,000
起始投資	$ 100,000	$ 100,000
夏普率	0.50	0.625

　　B 經理人的夏普率比較高，但不是所有的投資人都偏愛 B 經理人，因爲他的風險衡量值也比較高（換言之，獲利的標準差比較高）。因此，某位嫌惡風險的投資者或許偏愛 A 經理人，寧可放棄較高的潛在獲利，藉以避開顯著較高的風險。舉例來說，如果年度的交易結果是呈現常態分配，對於某特定的一年，實際獲利有 10%的機率低於期望獲利的 1.3 個標準差。若發生這種情況，由 B 經理人操作的投資者將發生$54,000 的損失（ $50,000-[1.3×$80,000]），A 經理人操作的損失僅是$16,000。對於嫌惡風險的投資者來說，降低負面情況下的損失，其重要性遠超過提高正面情況下的獲利[10]。

　　其次，讓我們再考慮另外兩位經理人的統計數據：

[10] 這個範例中有一個隱含的假設：不能從事部分的投資。換言之，最低的起始投資金額是$100,000。否則，投資者必定可以設計一種策略，將部分的資金交由夏普率比較高的經理人管理而提高本身的投資效益。舉例來說，將$25,000 的交由 B 經理人管理，他可以取得 A 經理人的對應標準差，但期望獲利比較高（ $12,500）。

	C 經理人	D 經理人
期望獲利	$ 20,000	$ 5,000
獲利的標準差	$ 20,000	$ 4,000
起始投資	$ 100,000	$ 100,000
夏普率	1.0	1.25

　　雖然 D 經理人的夏普率比較高，但 C 經理人的報酬率顯著比較高。如果投資者不特別嫌惡風險，很可能選擇夏普率比較低的 C 經理人。這是因為對於大部分的可能發生結果而言，將資金交由 C 經理人操作的情況比較理想。就這個例子來說，只要實際的報酬不低於期望報酬的 0.93 個標準差——如果交易結果屬於常態分配，這個事件的發生機率是 82%——C 經理人就能夠提供比較理想的績效[11]。

　　某些情況下，幾乎所有的投資人都會偏愛夏普率比較低的經理人。考慮下列兩位經理人[12]：

---

[11] 這個範例中有一個隱含的假設：投資者的借款成本遠高於將資金交付管理的利息收益。這個假定不允許投資者借入資金，將數倍於起始投資的資金交由夏普率比較高的經理人管理。如果借款成本與利息收益相等（現實世界中不太可能發生這種情況），投資者必定可以設計一種策略，將資金交由夏普率比較高的經理人管理而提高本身的投資效益。舉例來說，投資者額外借入 $400,000 的資金，將$500,000 交由 D 經理人管理，如此可以取得 C 經理人的對應標準差，但期望獲利比較高（$25,000）。

[12] 這個例子中所採用的夏普率顯然高於現實世界中的合理水準。可是，如此的假設有助於凸顯我們的論點。

	E 經理人	F 經理人
期望獲利	$ 10,000	$ 50,000
獲利的標準差	$ 2,000	$ 12,500
起始投資	$ 100,000	$ 100,000
夏普率	5.0	4.0

在這個例子中，幾乎所有的投資者（即使是嫌惡風險者）都會挑選 F 經理人，雖然他的夏普率比較低。這是因爲報酬相對上遠大於該報酬的不確定性（標準差），即使在非常不可能發生的不利情況下，F 經理人所提供的報酬也優於 E 經理人。舉例來說，仍然假定交易結果是屬於常態分配，實際報酬低於期望報酬 3 個標準差的發生機率僅有 0.139%。即使在這種非常不可能發生的情況下，F 經理人所提供的報酬是每年 $12,500（12.5%），E 經理人的每年報酬是$4,000（4%）。這個例子可以說明報酬／風險率本身並不足以評估基金經理人的績效[13]。（這個結論適用於所有的報酬／風險指標，不僅僅是夏普率而已。）

總之，評估基金經理人的績效，應該分別考慮報酬率與風險數據，不應該僅考慮兩者的比率。

---

[13] 註腳 11 的評論也適用於此。

交易績效的圖形評估

　　圖形的格式特別有助於評估不同基金經理人的績效。以下將討論兩種類型的走勢圖：

　　1.　淨資產價值.　淨資產價值（net asset value，NAV）是指某特定時間（通常為每個月底）的淨值，而起始淨值設定為 $1,000。舉例來說，如果 NAV 為 2,000，代表當時的淨值是等於淨值起算日的兩倍。根據定義，調查期間起算日的 NAV 為 1,000。後續的數值推演方式如下：

月底	月份報酬金額 除以月初淨值	NAV
1	r_1	$(1,000)(1+r_1)$
2	r_2	$(1,000)(1+r_1)(1+r_2)$
3	r_3	$(1,000)(1+r_1)(1+r_2)(1+r_3)$
.	.	.
.	.	.
.	.	.
n	r_n	$(1,000)(1+r_1)(1+r_2)(1+r_3)\ \cdot\ \cdot\ \cdot\ (1+r_n)$

　　舉例來說，某基金經理人的操作報酬率如下：第一個月為 +10%，第二個月為 -10%，第三個月為 +20%，第三個月底的 NAV 將是：

$$(1,000)(1+0.1)(1-0.1)(1+0.2) = 1,188$$

　　圖 21.5 比較兩位基金經理人在 1991 年 1 月~1995 年 2 月

圖 21.5

兩位經理人的 NAVs

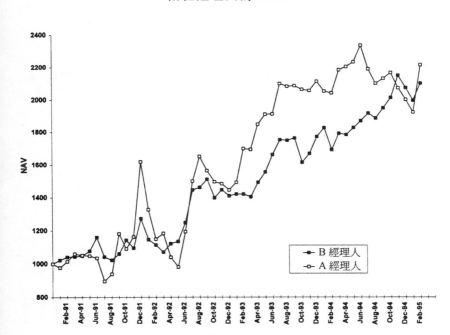

之間的 NAV 走勢圖。圖 21.6 是利用對數格式表示的相同 NAV
資料。圖 21.6 的格式比較理想，因為相同的淨值變動百分率
是以相同的垂直距離來表示。舉例來說，在圖 21.6 中，不論
NAV 是 1,000 或 2,000，如果淨值下跌 10%，它們在圖形中的
垂直距離都相同。可是，在圖 21.5 中，前者的距離僅是後者
的一半。另外，不論採用那一種刻度來繪製 NAV 的走勢圖，
比較上都應該取相同的調查期間。

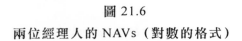

圖 21.6

兩位經理人的 NAVs（對數的格式）

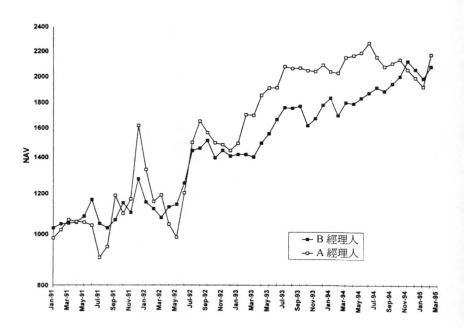

　　雖然 NAV 基本上是報酬的衡量指標，但也可以反映風險的成份。假定其他條件相同，基金經理人的績效波動愈劇烈，NAV 將愈低。舉例來說，考慮五位基金經理人，他們在某一年之內發生下列的月份盈虧：

經理人	前六個月的每個月獲利百分率	後六個月的每個月虧損百分率	NAV
1	+11%	− 1%	$(1,000)(1.11)^6(0.99)^6 = 1,760$
2	+21%	−11%	$(1,000)(1.21)^6(0.89)^6 = 1,560$
3	+31%	−21%	$(1,000)(1.31)^6(0.79)^6 = 1,230$
4	+41%	−31%	$(1,000)(1.41)^6(0.69)^6 = 850$
5	+51%	−41%	$(1,000)(1.51)^6(0.59)^6 = 500$

雖然獲利月份獲利率與虧損月份虧損率之間的絕對差值相同，但最終的 NAV 卻截然不同。

對於嫌惡風險的投資人來說，NAV 所考慮的風險成份顯然不足。舉例來說，在圖 21.6 中，雖然 A 經理人的最終 NAV 高於 B 經理人，但許多投資者或許還是偏愛 B 經理人，因為他的績效波動比較緩和。明白考慮風險的圖形（例如：下一節討論的「浸水」走勢圖）或許有助於進一步評估 NAV 圖形。

2. 浸水曲線[14]. 浸水曲線（underwater curve）是繪製每個月份結束時，淨值由先前最高峰位折返的百分率。換言之，假定投資者在最差的時間參加帳戶（最高淨值峰位的次一個月初），浸水曲線是反映每個月底的最大百分率虧損。因為這也是反映每一點的最大淨值折返，所以浸水曲線在觀念上類似於 RRR 中的 MRPP。圖 21.7 與 21.8 是圖 21.5 與 21.6 的對應浸水圖。（零線上方的垂直長條圖代表當月份的淨值創新高。）

---

[14] 「浸水曲線」的名稱首先由 Norman D. Strahm 提出。

圖 21.7

浸水曲線：A 經理人

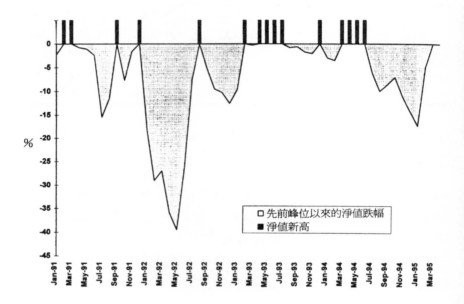

這兩份圖形清楚顯示 A 經理人操作績效中所蘊含的較高風險。

那一位經理人的績效比較理想（A 或 B）？相關的判斷絕對避免不了主觀的成份，因為 A 經理人的期末 NAV 比較高，但淨值的成長波動非常劇烈[15]。可是，此處所強調的重點非常

---

[15] 就目前的例子來說，這句陳述在理論上絕對正確，但大部分的投資人可能偏愛 B 經理人，因為 A 經理人僅提供的稍高報酬，似乎不值得為此而承擔顯著增加的風險。

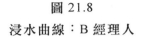

圖 21.8

浸水曲線：B 經理人

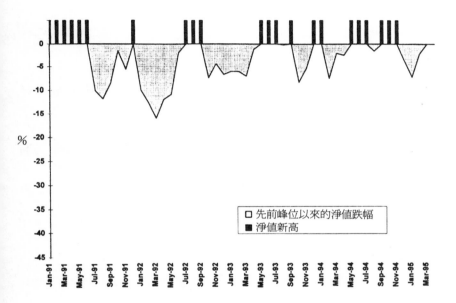

清楚：就投資者個人的報酬／風險偏好而言，應該可以透過
NAV 與浸水走勢圖而評估心目中理想的基金經理人。事實上，
NAV 與浸水走勢圖的資料相對容易取得，而且也可以深入反
映相關的報酬／風險資訊；因此，結合這兩份走勢圖，投資者
應該可以評估經理人的績效。

　　本節的討論雖然是以經理人的績效為中心，但交易系統
也可以採用相同的圖形。首先決定系統交易所需要的資金數

量，將系統的盈／虧金額換算為報酬率。然後，將起始投資設定為 1,000，利用報酬率連鎖計算 NAV。

結論

1. 每單位時間的金額獲利本身，並不足以衡量交易系統或基金經理人的績效。

2. 在系統的績效評估過程中，報酬／風險衡量指標具有雙重的功能：
   a. 納入風險的考量；
   b. 提供報酬率的衡量。

3. 利用夏普率衡量交易績效有幾個潛在的缺失：
   a. 不能區分向上與向下的波動；
   b. 不能區分連續與間斷的虧損；
   c. 評估長期的績效，可能造成獲利衡量的扭曲。

4. RRR 應該是優於夏普率的一種替代性衡量指標，較適合反映交易者行為上的偏好（換言之，交易者比較關心向下的淨值波動，而不是淨值的波動本身）。可是，夏普率還是應該被視為是輔助性的衡量，因為它是運用上最普遍的報酬／風險指標，需要利用它來比較系統或經理人的績效紀錄。

5. 年度的獲利／痛苦比率（AGPR）是一項有用的輔助指標，因爲直覺上的解釋很清楚，計算相對單純。

6. 每筆交易預期淨獲利（ENPPT）是一項必要的參考指標，使系統的績效不至於過度仰賴交易成本的假設。

7. 最大損失（ML）可以提供重要的額外資訊，但不適合於單獨使用。

8. 就交易系統而言，報酬／風險指標與估計報酬率所提供的績效排名順序相同。所以，較高的報酬／風險比率，必定意味著較高的報酬率。這個結論不適用於基金經理人，因爲對於任何特定水準的資金，每位經理人所願意承擔的風險可能不同，但在交易系統內，所需要的資金數量是根據風險而定義。

9. 就基金經理人而言，報酬／風險比率不再是充分的衡量，需要個別評估報酬與風險。如何根據這兩個基準評估經理人的績效，其中涉及主觀的認定（換言之，取決於個別投資者的報酬／風險偏好）。

10. 比較基金經理人的績效，淨資產價值（NAV）與浸水曲線是兩種非常有用的圖形工具。

第 Ⅴ 部 分

交易實務指引

22

交易計劃

> 鈔票——來得困難去得快。

井原西鶴

如果你從事期貨交易的資金僅是總財富的極小部分，那你進行投機的主要目的是消遣或娛樂，耍耍帥倒無傷大雅。可是，如果你從事期貨交易的主要目的在於賺錢，則必須有一套嚴格的交易計劃。這絕非陳腔濫調。不妨看看那些成功的期貨投機者，你將發現他們都採用有系統、有紀律的交易方法。

下列七個步驟可以做為一般性的基準，藉以建立有條不紊的交易計劃。

第一步驟：界定交易的原則

你打算如何擬定交易決策？如果你的答案是：「朋友轉告的一些熱門『明牌』」、「由報章雜誌上找到的一些靈感」或「看著報價螢幕而產生的靈感」；若是如此，你還沒有準備妥當。有效的策略必須建立在基本分析、圖形分析、技術交易系統，或是這些方法的組合。每個市場不一定需要採用相同的方法。

舉例來說，在某些市場中，你可以透過基本分析與圖形分析而擬定交易決策，在另一些市場，則完全採用圖形分析。

交易策略應該儘可能明確。舉例來說，如果你希望根據圖形分析進行交易，應該確定交易訊號將由那些價格型態提供，以及其他的相關細節，例如：確認的法則。當然，最明確的策略是來自於機械性的交易系統；可是，相當多的交易者沒辦法接受這類完全自動化的方法。

第二步驟：挑選交易市場

一旦決定如何挑選交易機會之後，必須挑選所希望追蹤的市場。對於大多數投機者來說，由於時間與資金的限制，能夠交易或追蹤的市場相當有限。關於市場的挑選，可以考慮下列三個因子：

交易方法的適用性

根據所決定的交易方法，評估潛在績效最理想的市場。當然，這類的評估僅能夠參考過去的經驗或特定交易策略的歷史測試。

分散交易

第 17 章已經討論分散交易的各種效益。可是，此處希望強調一點，分散交易是降低風險的最有效方法之一。挑選相關性不高的市場，可以提高分散交易的功能。舉例來說，如果某人希望從事黃金的交易，白銀與白金就不是必要的考慮對象，除非資金非常充裕而能夠另外交易眾多的市場。

波動程度

如果資金有限，應該避免波動劇烈的市場[1]（例如：咖啡），因為將這類的市場納入交易組合之內，將嚴重影響可供其他市場交易的資金。除非交易者所採用的方法特別適用於某個波動劇烈的市場，否則就應該挑選眾多而行情穩定的市場，而不是少數而價格波動劇烈的市場（這又是分散交易的考量）。

第三步驟：設定風險控制的計劃[2]

嚴格控制風險，這或許是成功交易的最重要條件。風險控制的計劃需要涵蓋下列三個成份。

---

[1] 此處所謂的「波動劇烈」，是指每口契約的金額波動而言。所以，波動可能來自於價格的大幅擺動或每口契約價值過高。
[2] 風險控制經常稱為「資金管理」，但我認為前者比較貼切。

每筆交易的最大風險

嚴格限制每筆交易所配置的總資金百分率，如此可以顯著提昇長期成功的機率[3]。在理想的情況下，每筆交易所承擔的最大風險不應該超過帳戶淨值的 3%。如果帳戶規模很小，在這個準則的限制之下，僅能夠在行情相對穩定的市場中進行交易，或是採用迷你契約或價差交易。如果投機者發現個別交易必須承擔淨值 7%以上的風險，務必重新考慮自己從事期貨交易的財務適當性。

每筆交易的最大風險也可以用來決定一筆交易的最大契約口數。舉例來說，假定交易帳戶的規模是$100,000，每筆交易的最大風險是 3%。在這種情況下，如果某筆玉米交易的停損必須設定在市價之下的 20¢／蒲式耳，頂多僅能夠進行 3 口契約的交易（20¢×5,000×3=$3,000；$3,000=$100,000 的 3%）。同理，加碼部位也必須受制於每筆交易的最大風險，如此才不會違背風險控制的原則。

停損策略

進場之前就必須知道自己將在何處出場。這個準則的重

要性如何強調都不過份。沒有預先設定出場的位置，交易者在行情的衝擊下可能猶豫不決，拖延虧損部位的平倉時機。如果情況不湊巧，這類的拖延可能提早結束交易生涯。

在理想的情況下，每當建立一個部位，就應該同時遞入常效的停損單。可是，如果交易者相信自己的控制能力，也可以在進場時預先決定心理的停損，當停損點進入當天價格的可能區間時，再實際遞入停損單。關於停損設定的細節，請參考第 9 章「設定停損」。

請注意，如果採用交易系統，風險控制可能沒有必要採用停損法則。舉例來說，如果某套系統在趨勢反轉到某個程度，部位將自動發生反轉，雖然系統內沒有採用明顯的停損法則，但也可以提供停損的功能——避免單筆交易發生重大的虧損。當然，多筆交易也可能累積嚴重的虧損，但採用停損也有類似的問題。

分散交易

由於不同市場的不利走勢通常都會發生在不同的時間，同時交易數個市場，可以降低整體的風險。讓我們舉一個非常簡單的例子，假定某交易者的帳戶規模爲 $20,000，所採用的一套交易系統在黃金與黃豆市場的平均最大損失都是 $3,000。如果他在其中某個市場交易兩口契約，平均最大損失爲 30%（6,000÷20,000）；反之，如果再每個市場各自交易一口契約，

平均最大損失一定比較小（如果兩個市場存在反向的關連，可能甚至小於在單一市場交易單口契約）。事實上，唯有當兩個市場同時發生最不利的走勢——非常不可能發生的事件——平均最大損失才會到達 30%（假定每個市場的平均最大損失繼續保持$3,000）。當然，如果交易組合中增添更多不相關的市場，分散交易所提供的降低風險效益將更明顯。另外，如同第17章所做的說明，如果資金足夠充裕的話，分散交易的觀念不僅適用於市場之間，也適用於相同市場之內的多元交易系統或多元系統變形（換言之，相同的系統採用不同的參數組合）。

雖然本節的討論重點是風險控制，但還應該注意另一層面的效益：由於分散交易可以降低風險，所以在特定的風險水準下，分散交易可以提高槓桿倍數而增加報酬。事實上，即使所考慮納入的市場，其平均報酬低於既有的交易組合，如果分散交易所造成的風險降低程度超過所減少的報酬，調整槓桿倍數之後，仍然可以提昇整體交易組合的報酬。分散交易的另外兩項效益——確實掌握主要的趨勢與厄運的保障——請參考第17章。

降低高度關連市場的槓桿倍數

在交易組合中納入其他的市場，這雖然允許交易者提高槓桿倍數，但如果交易組合是由高度關連的市場構成，則槓桿倍數需要向下調整。舉例來說，由六個主要外匯期貨構成的交易組合（德國馬克、瑞士法郎、英鎊、日圓、加拿大元與美元

指數），它所承擔的風險將遠大於一般分散性的六種商品，因為前者的市場之間存在高度的相關性。所以，這種純粹由外匯構成的交易組合，其槓桿倍數應該低於其他對等的交易組合（換言之，兩個組合的個別市場之間具有對等的價格波動程度）。

市場波動的相關調整

　　交易的槓桿倍數——某單位淨值所交易的契約口數——應該根據行情的波動程度進行調整。這可以分為兩個層面來說。第一，對於行情波動劇烈的市場，所交易的契約口數應該比較少。第二，對於相同的市場，當行情波動轉為劇烈時，應該調降交易的契約口數。當然，我們不能交易畸零的契約口數，如果帳戶的規模很小，就很難從事這方面的調整，這也是為什麼小帳戶必須承擔較大風險的理由。（其他的理由還包括：每筆交易的最大風險偏高與不能進行有效的分散交易。）

根據淨值變動調整槓桿倍數

　　每當帳戶淨值發生重要的變動，槓桿倍數也應該隨之調整。舉例來說，假定帳戶的起始淨值是 $100,000，如果發生 $20,000 的損失而其他條件不變，槓桿倍數就應該調降 20%。（當然，如果淨值增加，槓桿倍數也應該向上調整。）

連續虧損期間的調整
（僅適用於自由心證的交易者）

一旦連續性的虧損威脅交易者的信心，通常應該暫時降低交易的規模，甚至暫停交易，直到信心恢復為止。如此一來，交易者才不會讓情況失控而演變為一場災難。可是，這個建議並不適用於系統交易者，因為對於大多數的有效系統而言，連續虧損往往代表黎明之前的黑暗。由另一個角度來說，對於自由心證的交易者，信心與心理狀態是績效的必要條件，但這與交易系統無關。

第四步驟：安排一段時間從事例行工作

每個晚上都必須騰出一段時間來研究行情與調整策略。一般來說，如果有明確的工作計劃，每天 30~60 分鐘就已經足夠了（這當然取決於交易的市場數量）。每天的例行工作應該包括：

1. **更新交易系統與圖形.** 交易者至少必須仰賴兩者之一來擬定交易決策。如果採用基本分析，交易者還必須定期重新評估基本面的情況，尤其是當重要的報告公佈之後（例如：政府的作物報告）。

2. **計劃新的交易.** 盤算隔天是否打算進行新的交易。若是如此，需要擬定明確的進場計劃（例如：開盤買進）。某些情況下，交易計劃可能取決於隔天的市場

表現。舉例來說，假定某人看空玉米而當天收盤之後公佈稍微偏多的作物報告。這位交易者可能決定在下列的情況下才進場放空：如果行情在收盤前一個小時趨於下滑。

3. **更新既有部位的出場點.** 交易者應該根據當天的行情發展，評估既有部位的停止點與目標價位，並做必要的調整。就停止點來說，僅能夠朝降低風險的方向調整。

第五步驟：交易筆記

前一節所討論的例行工作，意味著交易者必須準備一份有系統的交易紀錄。圖 22.1 中提供一份範例的格式。前四欄僅是記錄一筆交易的相關事實。

第 5 欄是登記進場當時的停損點。第 6 欄代表停止點的修正。（第 6 欄應該用鉛筆記錄，因為隨時可能修改。）起始停損應該另外記錄，因為這方面的資料可供往後交易的參考。舉例來說，交易者或許希望評估起始停損設得太緊或太鬆。

第 7~10 欄是登記未平倉部位的隱含風險。透過這些數據，交易者可以評估目前所承擔的整體風險——這是風險控制與決定是否建立新部位的重要參考資料。大體上來說，所有未平倉部位的累積隱含風險不應該超過帳戶淨值的 25~35%。（假定每個部位的最大風險不超過淨值的 2%，除非在 13 個市場中

圖 22.1
交易筆記的樣本

(1) 做多或做空	(2) 單位	(3) 市場	(4) 進場價格	(5)(6) 停損		(7)(8) 累積隱含風險		(9)(10) 淨值的百分率		(11)(12) 目標		(13) 出場日期	(14) 出場價格	(15) 淨盈虧	(16) 進場理由	(17) 評論
進場日期 做多或做空				起始	目前	起始	目前	起始	目前	起始	目前					

持有未平倉部位，否則前述的限制不會生效。）

　　是否採用目標價位（第 11 與 12 欄），這是屬於個人偏好的問題。目標價位有時候可以提供比較理想的出場價位，但有時候會造成過早平倉。因此，某些交易者寧可不設定目標價位，部位的平倉完全取決於追蹤性停止點或看法改變。

　　第 13~15 欄登錄平倉的相關資料。出場日期可以用來計算部位的持有期間，這是交易分析上可能需要運用的資料。第 15 欄的盈虧應該扣除交易佣金。

　　第 16~17 欄是用來登錄進場的理由（當時記錄）與事後的評估。這些資料非常有助於交易者分析自己的操作特質與成敗的型態。當然，在實際的筆記簿中應該保留更大的空間來記錄這些摘要性的評論。另外，更詳細的評論可以記錄在交易日誌中，這是下一節的討論主題。

　　實際從事交易之前，初學者往往應該進行紙上作業。交易筆記簿非常適合這方面的運用，因為這不僅可以顯示交易的潛在勝算，也可以培養有系統、有規律的交易習慣。當然，一旦投入實際的鈔票之後，交易決策的困難程度將大大提高，但相對於那些準備不足的對手來說，這至少可以讓初學者取得明顯的優勢。

第六步驟：交易日誌

交易日誌中應該記錄每筆交易的下列基本資料：

1. **交易的理由.** 隨著時間的經過，這方面的資料有助於交易者評估自己的策略，那些特別容易成功，那些特別容易失敗。

2. **交易的結果.** 這是任何交易評估都必須運用的基本資料。（雖然交易筆記簿中的盈虧欄中已經包含這方面的基本資料，但交易日誌中另外登記還是有所助益。）

3. **教訓.** 交易者應該逐項記錄交易過程中所觸犯的錯誤或正確的決定。透過記錄的方式，可以避免重踏過去的失敗覆轍——尤其是以某種加強語氣的方式來表達。交易者應該定期翻閱以前的記錄，溫習過去的珍貴教訓。經過一段期間之後，這些啓示將根深蒂固。就我個人的經驗來說，這種方式確實有助於修正經常觸犯的錯誤。

如果交易日誌中也附上進場當時與出場之後的價格走勢圖（類似如第 14 章的做法），這當然也很有幫助。

第七步驟：分析自己的交易

除了行情之外，交易者的分析對象還包括過去的交易，藉以探索自己方法的長處與短處。前述的交易日誌當然不可或

缺，另外還有兩項工具對此有所助益——交易分類與淨值走勢圖的分析。

交易類別分析

將交易分門別類，藉以判斷績效偏高或偏低的型態。舉例來說，將交易劃分為買進與放空，可能發現自己有偏於做多的傾向，但做空的交易績效比較理想。這類的發現，顯然可以用來修正做多的偏頗。

再舉另一個例子，分析各個市場的交易結果，可能發現自己在某些市場中總是發生虧損。如果不交易這些市場，顯然可以增進整體的績效。這類的分析很重要，因為很多交易者對於自己在各個市場的表現缺乏直覺上的判斷能力。當然，你沒有必要永遠停止這些市場的交易。你必須尋找這些市場交易績效不佳的原因，嘗試在交易方法上進行調整。

最後再舉一個例子，你可以分別評估當日沖銷與部位交易的績效。我個人有一個感覺，如果相關的交易者都進行這類的評估，當日沖銷的交易可能在一夜之間減少 50%。

當然，我們還可以透過其他的許多準則來劃分交易，例如：基本分析／技術分析導向的交易，交易系統／非交易系統的交易。總之，交易者應該儘可能透過各種不同的角度尋找成功或失敗的型態。如果交易者是採用電腦試算表來記錄交易筆記，這類的分析相對容易進行。

淨值走勢圖

這是一種僅取「收盤價」的走勢圖，顯示帳戶淨值的每天變動情況（包括未平倉部位的淨值在內）。這種走勢圖的最主要功能，是讓交易者察覺交易績效的突然惡化。舉例來說，如果淨值經過一段長期而穩定的攀升之後，突然大幅下降，交易者應該減少部位的規模，然後評估當時的狀況。這類的突然變動，可能代表市況發生變化而不利於當時所採用的方法，或最近的交易決策發生問題。績效表現欠佳的實際原因相對不重要，因為不論那一種原因都必須降低帳戶所承擔的風險。總之，淨值走勢圖有助於緩和帳戶淨值的折返。

23

八十二項交易法則
與市場觀察

只要活得夠久，你遲早都會觸犯每一項錯誤。

Russell Baker

　　交易方面的建議，大體上是屬於最容易被忽略的東西。大多數的重要交易法則都廣為流通，因此而幾乎不能對於新進的交易者產生任何的啟示作用。所以，有效的市場見解經常被視為是陳腔濫調。

　　不妨考慮「迅速認賠」——這可能是最重的法則之一。那一位投機客沒有聽過這個法則？可是，忽略這項法則的投機客大有人在。當然，交易帳戶被一、兩筆交易勾消的投機客也不在少數。

　　大部分的投機客唯有當自己身歷其境時，才能感受相關法則的重要性。另外，許多交易者往往需要重複觸犯相同的錯誤之後，才能實際接受教訓。所以，我絕對不認為本章與下一章所提供的種種法則，能夠使讀者免於觸犯最根本的交易錯誤。可是，但願重複閱讀這兩章的相關內容（尤其在虧損連連的交易期間），至少能夠幫助初學者降低犯錯的次數——這已

經是不算小的成就了。

　　本章所提供的評論，是來自於我個人的交易經驗。所以，讀者應該由適當的架構來瞭解這些法則：實證的觀點而不是既定的事實。整體而言，本章的內容與其他類似書籍上的交易準則有許多重疊之處。這當然不會令人覺得意外，因為大部分的交易法則都具有普遍的適用性，幾乎被公認為交易的真理。舉例來說，我從來沒有見過成功的交易者認為風險控制不重要。在另一方面，下列的某些法則也反映我個人的主觀意見，不同於其他作者的看法（例如：採用市價單而不是限價單）。在最後的分析與評估中，每位投機者都必須尋找自己的交易真理。我希望此處的討論能夠對於這個程序有所幫助。

進場

1.　長期的部位交易與短線的交易之間應該有所區別。短線交易所承擔的風險應該顯著比較小（就交易的契約口數與停損點數而言）。另外，投機者的重點應該擺在部位交易，因為這才是決定勝負的真正關鍵。許多交易者經常存在一種心理迷障，試圖捕捉行情的每個波動（過程中將產生嚴重的交易佣金與滑移價差），反而不能掌握主要的價格趨勢。

2.　如果你認為某筆交易代表主要的機會，不要介意進場價格的些微差別。錯失一波重大的行情走勢，其影響

可能遠超過理想成交價格所造成之差異的數十倍。

3. 建立任何的長期部位，應該謹慎思考，妥當計劃——絕對不可以來自於盤中的臨時衝動。

4. 尋找一種價格型態，顯示目前的進場時機正確無誤。如果沒有這類的確認型態，不可隨意進場。（某些情況下，許多衡量目標與支撐／壓力水準都顯示某個價格區間是理想的進場點，而且明確的停損點也可以侷限風險。）

5. 每天進行分析，藉以決定進場的交易決策。如果行情還沒有接近理想的進場點，需要記錄交易的觀點，每天重複評估，直到建立相關的部位或潛在的機會不再具有吸引力。如果不能遵守這個法則，可能讓你錯失重要的交易。舉例來說，當價格穿越當初預計的進場水準時，我們才突然記起來最初的計劃，但一切都已經遲了。

6. 評估趨勢的主要反轉時，進場時機通常應該等待某種確認型態，不應該隨意猜測而在目標價位與支撐／壓力區進行逆勢操作。當行情帶動價格創長期高／低價位時（例如：先前 100 天價格區間的高／低點），這個法則尤其適用。請記住，對於大多數的延伸性趨勢來說，行情很少會發生 V 型反轉，價格通常會數度折返測試高／低價。所以，應該等待頭部或底部的確認訊號，否則可能在盤頭或做底的過程中產生反覆的

損失。即使市場出現 V 型反轉的走勢，隨後的整理（例如：旗形排列）也可以提供具有理想報酬／風險性質的進場點。

7. 當你觀察一份價格走勢圖而產生直覺上的強烈看法（尤其是你不知道這份圖形是代表那一個市場），接受這種感覺的指引。

8. 不可以因為你錯失某個新趨勢的第一段行情而不願意進場（前提是你必須界定合理的停損點）。

9. 當價格最近出現失敗的型態（例如：多頭或空頭陷阱），不要不信邪而逆勢操作，即使有許多理由支持你這麼做也是如此。

10. 當走勢出現的第一個跳空缺口，不可逆勢操作。舉例來說，假定你準備在修正走勢中進場，如果修正走勢出現跳空缺口，不要立即進場。

11. 許多情況下，應該採用市價單而不是限價單，尤其是虧損部位的平倉或重要部位的進場──換言之，交易指令必須執行而擔心價格可能迅速變動。雖然限價單通常都能夠提供比較理想的成交價格；可是，如果最初的指令不能成交而不斷改價，結果可能適得其反或完全失去一個重要的機會。

12. 如果某個部位曾經獲利而價格折返最初的進場點，不

應該加碼。一般來說，完全折返的價格走勢代表不利的徵兆。即使交易的理由仍然有效，如此加碼所造成的過度交易可能影響帳戶的持續力。

出場與風險控制（資金管理）

13. 建立部位的同時就應該設定停損點。

14. 如果價格型態或行情的發展不利於你的部位，立即出場——即使停止點還沒有被引發也是如此。不妨捫心自問，「如果現在必須建立部位，我會做多或做空？」如果答案與手中的部位相反，立刻出場。事實上，如果證據足夠充分，應該建立反向的部位。

15. 如果交易的建立動機不再有效，立即出場。

16. 如果部位建立的第一天就發現自己的判斷完全錯誤，立即放棄——尤其是市場發生跳空缺口。

17. 如果市場發生反向的跳空缺口，應該立即平倉，或是採用非常緊密的停止點。如果缺口是屬於突破缺口，你沒有其他的選擇——立即平倉。

18. 如果某個市場的價格波動突然轉劇而不利於你的部位，立即平倉。舉例來說，假定市場的每天價格區間是 50 點，如果某一天的開盤上漲 100~150 點，立即

回補空頭部位。

19. 如果在壓力區（支撐區）放空（買進），但行情出現
　　整理而不是反轉的走勢，斷然出場。

20. 對於市場分析師與交易顧問：如果你感覺最近的建
　　議、交易或書面報告發生錯誤，立即改變你的立場。

21. 如果一段期間內無法觀察市場（例如：出外旅行），
　　應該結束所有的部位，或是針對所有的未平倉部位設
　　定常效停止單。（另外，在這種情況下，如果你希望
　　在低價買進或高價放空，也可以採用限價單。）

22. 對於任何的未平倉部位都不可以產生疏忽的心理。永
　　遠都必須知道價格一旦反轉的出場位置。另外，如果
　　價格形成不利的排列，這代表你可能需要提早出場。

23. 當部位被停止出場之後，務必克制立即重新進場的念
　　頭。重新進場通常僅會帶來額外的損失。唯有在一種
　　情況下才可以在停損出場之後重新進場：價格型態的
　　演變顯示時機正確——換言之，當時的市況符合新部
　　位的所有建立條件。

其他風險控制（資金管理）法則

24. 當交易不順利時：(a)降低部位的規模（請注意，高度

相關市場的許多小部位相當於是一個大部位）；(b)採用緊密的停損；(c)減緩新交易的進行速度。

25. 當交易不順利時，應該結束虧損部位——而不是獲利部位——藉以降低相關的風險。Edwin Lefèvre 在《股票作手回憶錄》（ *Reminiscences of a Stock Operator* ）中有一段生動的說明：「我剛好完全弄錯了。棉花部位發生虧損而我保留它。小麥部位呈現獲利而我賣出。試圖攤平虧損，這是投機客所犯的最嚴重錯誤之一。你永遠應該結束虧損部位而保留獲利部位。」

26. 部位呈現獲利之後，絕對不要更改交易模式：

    a. 在交易規劃的初期，不要建立風險過高的部位。

    b. 不要突然增加正常交易的契約口數。（可是，隨著淨值的成長而逐漸增加則沒有問題。）

27. 必須以相同的心態處理小型與大型的部位。絕對不可以認為：「這只不過是一、兩口契約。」

28. 當重要報告或經濟數據即將公佈時，不要持有大量的部位。

29. 不論是價差交易或單純的部位，都應該採用相同的資金管理原則。絕對不可以認為價差的變動很緩慢而不需設定停損。

30. 選擇權的交易必須在根本契約上設定出場價位。

獲利交易的持有與出場

31. 長期的部位交易不要過早了結「蠅頭小利」。尤其是當你的判斷完全正確時，絕對不可以在第一天就獲利了結。

32. 當行情出現有利的跳空缺口時，不要急著出場。利用跳空缺口做為起始停止點；然後採用追蹤性的方式調整停止點。

33. 獲利部位應該採用追蹤性停止點出場，儘可能不要設定出場的目標價位。在目標價位出場，經常不能掌握主要的趨勢。請記住，你需要偶爾發生的重大獲利來彌補經常發生的損失。

34. 前述的法則雖然具有普遍的適用性，但進場當時還是應該設定起始目標，藉以執行下列法則：如果在很短的時間內完成顯著部分的目標（例如：在一個星期內完成 50~60%，或在兩、三個星期內完成 75~80%的目標），可以抱著修正走勢中重新進場的心理結束一部分的獲利部位。換言之，你可以迅速了結龐大的獲利。這個法則雖然可能造成出場部位找不到理想的再進場機會，但持有完整的部位將構成重大的心理壓力，可能讓你在第一個重大折返走勢中倉促出場。

35. 當目標價位完成之後，如果你認為市況的發展還是有利於部位，應該繼續持有而採用追蹤性停止戰術。這

是掌握主要行情的關鍵法則。請記住，耐心不僅適用於等待有利的交易機會，也適用於繼續持有成功的部位。如果一筆正確的交易不能實現充分的獲利，這將成為整體成功的侷限因子。

36. 前述的法則還是有例外的情況，如果你的手中抱滿部位，而且帳戶淨值直線上升，應該考慮分批獲利了結。輔助法則：如果情況太過於美好而不像是真的——那就要小心了！如果一切的發展太過於順利，應該分批獲利了結，剩餘的部位採用緊密的停止。

37. 如果一個部位還有長期的潛力而你準備獲利了結（因為你認為短期之內將發生修正走勢），應該擬定再進場的計劃。如果長期趨勢與當時的時機顯示你應該再進場，絕對不應該因為再進場價位不如當初的出場價位而影響你的進場意願。不願意接受比較差的進場價格，往往會讓你錯失重大的機會。

38. 如果從事多口契約的交易，不要期待所有的部位都實現 100%的獲利。換言之，必須接受部分的獲利。在既有的走勢中，永遠都必須保留部分的部位，直到價格型態確實反轉或技術性關鍵停止點被觸發。

雜項原則與規範

39. 行情的發展與價格型態的演變，其重要性超過目標價位與支撐／壓力區。後者經常讓你過早進場或出場。

40. 如果你覺得應該進場或出場——立即採取行動，不要猶豫不決。

41. 如果你對於長期趨勢有特定的看法，絕對不要逆勢而為。換言之，不要嘗試穿梭於雨點之間。

42. 致勝的部位通常從一開始就處於獲利狀態。

43. 正確拿捏進／出場的時機（例如：根據可靠的型態設定進場點，一旦發現反種的徵兆，立即出場），可以將損失侷限在最小的程度，即使判斷完全錯誤也是如此。

44. 盤中臨時起意的決策幾乎都必定失敗。

45. 務必在星期五收盤之前查核行情。一般來說，週末的情況將趨於明朗化。若是如此，星期五臨收盤前所取的進／出場價格大多優於星期一的開盤。如果你持有大量的部位，這個法則尤其重要。

46. 針對事後驗證無誤的市場夢想採取行動。這類的夢想通常正確，因為它們代表你潛意識中的市場知識。（例如：我上個星期進場可以節省$2,000，現在我怎麼買

得下手？）

47. 你對於交易的惡習絕對沒有免疫力———你頂多僅能夠讓它們保持暫時的休止狀態。只要你變得懶惰或疏忽，它們就會再度糾纏你。

市場型態

48. 如果市場能夠創歷史新高而守住，價格繼續大幅上漲的機會很高。在歷史新高價附近做空行情，這可能是業餘玩家的最致命錯誤。

49. 行情在寬廣的交易區間上緣呈現狹幅的整理，這是屬於多頭的型態。同理，行情在寬廣的交易區間下緣呈現狹幅的整理，則是屬於空頭的型態。

50. 當價格突破長期的狹幅整理區間，可以順著突破方向建立部位，停損設定在區間的反側端點。

51. 當價格穿越 1~2 個星期或更長期間的整理區間，這是最可靠的突破訊號之一。

52. 前述法則有一種特別有效的運用：在長期而寬廣的交易區間兩側稍上方或下方，出現旗形或三角旗形排列，這是很可靠的連續型態。

53. 順著寬廣跳空缺口的方向進行交易。

54. 密集交易區（尤其是 1~2 個月的區間）的突破缺口往往代表理想的交易機會。（特別適用於空頭市場。）

55. 如果突破缺口在一個星期之內沒有被填補，這應該是很可靠的訊號。

56. 如果價格透過跳空方式突破而創新高或新低（尤其是寬廣的缺口），但在 1~2 個星期之內重新折返原先的交易區間，這是相當可靠的多頭陷阱或空頭陷阱。

57. 如果價格突破而創新高或新低，隨後折返進入先前的交易區間而出現旗形或三角旗形排列，可以假定頭部或底部已經發生。在這種情況下，可以建立部位，將停損設定在旗形或三角旗形的反向邊緣外側。

58. 價格突破交易區間，稍後重新折返而深入交易區間（例如：折返程度超過區間的四分之三或以上），這也是重要的多頭或空頭陷阱。

59. 如果 V 形底附近出現整理型態，這可能代表打底的排列。可是，如果價格向下突破整理區間而逼近 V 形底，行情很可能創新低。在後者的情況下，可以建立空頭部位，停損設定在整理型態的上緣附近。類似的操作手法也適用於Λ形頂附近的整理型態。

60. Λ形頂與 V 形底發生之後，價格在反轉點附近形成數

個月的整理走勢,這可能代表主要的頭部或底部排列。

61. 緊密的旗形與三角旗形排列通常是很可靠的連續型態,適合順著既有趨勢建立部位,而且可以在進場點附近建立合理的停損。

62. 如果價格反向突破緊密的旗形或三角旗形排列(換言之,該排列是屬於反轉而不是連續型態),隨後的走勢很可能繼續朝突破方向發展。

63. 曲線狀(弧狀)的整理走勢意味著價格隨後將朝曲線的方向進行加速的發展。

64. 如果價格反向突破曲線狀的整理,這通常是理想的趨勢反轉訊號。

65. 長線形(換言之,當天的價格區間超過最近的平均區間寬度)的價格逆勢做收,這通常是趨勢變動的早期警訊——尤其是長線形本身也觸發反轉訊號(例如:填補先前整理的逃逸缺口)。

66. 價格在 2~4 天之內出現幾近於垂直狀的走勢(由相對高點或低點附近起動),通常會延伸為數個星期的行情。

67. 突兀線形是相當不錯的短線反轉訊號。部位的停損可以設定在突兀線形的端點。

68. 對於突兀線形的情況，應該由兩個角度進行分析——包括與不包括突兀線形。舉例來說，如果剔除突兀線形之後呈現旗形排列，旗形的突破將代表有意義的訊號。

69. 逃逸缺口的填補，可以視為是趨勢反轉的可能訊號。

70. 島狀反轉發生之後不久，價格折返進入最近的交易區間或整理型態，這代表可能的頭部（底部）訊號。

71. 如果其他相關市場蒙受沉重的壓力而某個市場相對穩定，這代表該市場的根本強勢。同理，如果其他相關市場呈現漲勢而某個市場相對疲軟，這代表該市場的根本弱勢。

72. 如果盤中大多數交易時段的價格都穩定走高，價格很可能收高。

73. 兩個幾乎沒有間隔的旗形排列，可以視為是可能的連續型態。

74. 在弧狀底的上緣形成一個比較淺的相同方向弧狀整理，可以視為是多頭排列（杯柄底）。類似的情況也適用於頭部。

75. 在強勁的趨勢行情中，人氣指標中等讀數所代表的價格持續發展可能性，通常超過反轉走勢中的極端人氣讀數。換言之，即使完全沒有做頭或做底的徵兆，人

氣指標也可能出現極端的讀數，但主要頭部或底部通常都會伴隨著人氣指標的極端讀數（目前或最近）。

76. 失敗訊號的可靠性超過原始訊號。在這種情況下，進行反向操作，停損設定在失敗訊號之前的高價或低價。失敗訊號的一些相關法則包括：56、57、58、62、64 與 69。

77. 當市場發生顯著的利多或利空消息（例如：美國農業部公佈的重要報告）而行情沒有發生預期中的走勢，這往往代表趨勢即將反轉。如果手中已經持有部位，必須特別注意情況的發展。

分析與評估

78. 每天都必須分析價格走勢圖，尤其是當你非常忙碌的時候。

79. 定期評估長期走勢圖（例如：每隔 2~4 個星期）。

80. 每天記錄交易日誌，包括每筆交易的相關走勢圖，並記錄下列事項：建立部位的理由；預定的停止點與目標價位（如果有的話）；後續發展的評論；教訓與啟示（過程中所發生的錯誤、正確行動或值得注意的型態）；淨盈／虧。請注意，一旦進場建立部位就必須開始記錄，使得進場理由可以精確反映當時的想法，

而不是事後的回憶與拼湊。

81. 每當發現某種有趣的型態而你有特定的看法；或者，
   你雖然沒有特定的看法而希望知道其後續發展，應該
   把相關的走勢圖收集在圖譜中。然後，隔一段期間，
   回頭查閱實際的結果。這種程序可以提昇圖形的解釋
   能力，讓你透過統計方法來評估自己在走勢圖最右端
   的預測能力。

82. 定期評估與更新交易法則、交易日誌與圖譜（例如：
   每個月評估一個項目，三個月為一個循環）。當然，
   如果你覺得有必要的話，某個項目的評估可以更頻
   繁。

❖ 24 ❖   **市場智慧**

你絕對不可能藉由判斷正確而擊敗市場。
如果賺錢，這代表你與市場之間發生共鳴。如
果虧損，這代表你搞錯了。除此之外，我們不
能由其他的角度解釋。

Musawer Mansoor Ijaz

　　前一章詳細介紹交易法則與市場觀察。本章的內容摘錄
自《新金融怪傑》[1]，探討交易成功最關鍵的普遍性原則與心
理因子。

　　行文至此，我們應該十分清楚，傑出操作者所運用的方
法十分分歧，有些純粹重視基本面，有些則只用技術分析，還
有人兼容並用。有些操作者認為兩天已經算是長期，有些則認
為兩個月還算短期。雖然行事作風迴異，我發現，對各式各樣
的操作者來說，某些原則卻是一體適用的。花了那麼多年在市
場上操作和分析，以及出版了兩本傑出操作者的訪談紀錄，我
整理出以下四十二點操作必勝戰法：

---

[1] *The New Market Wizards*, Jack Schwager, Harper Business, New York, 1989,
461~478；copyright © 1989 by HarperCollins Publishers; by permission。《新
金融怪傑下冊》（寰宇），第 283 頁~304 頁。

1. 開門見山。 首先，務必確定你真的想操作。柯勞茲和霍克勒根據他們幫助操作者的經驗，都說常見到一些人認為自己想操作，到後來卻發現不然。

2. 檢討自己的動機。 想想，為什麼你真的想操作。要是操作的目的是想獲得刺激，那你最好去坐雲霄飛車或玩滑翔翼。拿我的例子來說，我發現自己操作的動機是求得內心的安寧或平靜──一般操作者很難有這種情緒狀態。另一個操作的動機是，我個人喜歡解謎──市場提供的正是一級棒的謎題。但在我享受市場分析的動腦之樂時，並不特別喜歡操作本身的激情特質。我的動機和實際的行動兩者之間的對比，產生了很明顯的衝突。任何這類衝突發生時，你都必須很小心謹慎地去檢討個人的動機。市場是個嚴厲的主人，你必須幾乎每件事情都做對，才可能贏。要是你本身有一部分把你往相反的方向拉，那麼遊戲還沒有開始，你已經輸了。

我怎麼解決自己的的衝突？我決定完全倚賴機械式的操作方法，以便消除操作時的情緒面。同樣重要的是，全心全力專注於設計機械式的系統，也能引導我的精力走向個人所享受的操作面──解謎的部分。雖然基於這些理由，好多年來，我把一部分精力放在機械式的系統上，但最後終於瞭解，我想徹底往這個方向走（我並不是用此來主張機械的系統優於個人決策取向的方法。這裡只是提出個人的例子。對其他操作者來說，合適的答案可能大不相同）。

3. 操作方法要配合你的個性。 選擇合乎你的個性，讓你

感到安心的方法，十分重要。要是你捨不得吐回相當多的利潤，順勢操作的長期方法——連非常好的長期方法也一樣——會是個災難，因爲你不會絕對遵照方法去做。要是你不能忍受下操作決策時，情緒上必有的緊張焦慮，那不妨試著擬定一套機械式的系統，在市場上操作。不管怎麼樣，所用的方法一定要對個人的口味，也就是，用起來十分放心。這件事的重要性，不必多言。本書訪問過的麥凱一口咬定：「我認識幾乎每一位成功的操作者，最後總是有一套適合他個性的操作風格。」

順便一提，買來的操作系統很少爲買主創造利潤，即使系統本身很好，非常重要的一個原因是操作風格和個性不合。買到能夠賺錢的系統的機率很低——當然不到 50%——買到合乎你個性的系統，機率更低。讀者不妨想一想，買一套獲利高、風險溫和，使用起來效果好的系統，機率有多高。

4. 絕對有必要占有優勢。 不占優勢，絕對贏不了，即使你擁有世界上最棒的自律和資金管理技巧也一樣。要是你能夠，便可能靠完美的自律和風險控制技巧，賭贏輪盤遊戲（長期而言）。當然了，由於機率法則，這是不可能的事。如果你不占優勢，所有的資金管理和自律，能夠做到的，只是保證你慢慢淌血而死。順便一提，如果你不知道自己的優勢爲何，那就一定沒有優勢。

5. 找出一套方法。 有了優勢之後，就必須有一套方法，至於選擇哪種方法，並不要緊。有些超級操作者純粹重視基本面，有些純粹重視技術面，有些則是兼容並蓄。即使每一種方

法，也有很大的差別。比方說，在純技術派裡面，有光看螢幕報價的操作者，也有勤於畫圖的操作者，還有機械式系統的操作者，也有人分析艾略特波浪，或者分析甘氏圖，不一而足。選擇哪種方法並不重要，但不管如何，一定要有一套一當然了，這套方法必須有優勢。

6. 擬定方法得花很大的功夫。 走捷徑很少使人操作成功。要擬定自己的方法，必須下功夫去研究、觀察和思考。這個過程得花很多時間和精力，在找出適合個人使用的成功操作方法之前，可能鑽進許多死胡同，也可能嚐到無數的失敗。不要忘了，你面對的是成千上萬的專業人士，你會比他們好嗎？要是這一行做起來十分容易，那麼到處都可以看到百萬富翁。

7. 天生的技能與後天的努力。 操作成功要靠天生的技能嗎？或者，勤奮工作已經足夠？毫無疑問的，我個人認為，許多超級操作者都有特殊的操作天賦。跑馬拉松是很好的比方。只要適當的投入和勤奮練習，幾乎每個人都能跑馬拉松。不過，不管投入多少心血和有多大的慾望，只有少數人能夠跑 2：12 的馬拉松。同樣地，任何人都可以去學某種樂器，但是不管多賣力、多專注，只有少數人有天賦，能夠成為音樂會中的獨奏家。就通則來說，出色的表現必須先天的天賦和後天的努力兼具，才能發揮潛力。欠缺天賦的技能，後天的努力或可讓人嫻熟某件事，但無法達到登峰造極的境界。

依我個人之見，同樣的原則也適用在操作上。幾乎每個人都可以成為賺錢的操作者，但只有少數人擁有先天的天賦，能

成為超級操作者。基於這個理由，我們可能教別人學會怎麼操作才會成功，但最多只能到達某個境界。腳踏實地，認清實情，是大部分操作者應該有的目標。

8. 好的操作必須在不費吹灰之力之下完成。 等等，上面我不是說賣力工作是操作成功的要件嗎？

兩者並沒有矛盾之處，賣力工作指的是籌備階段的過程——要做一名優秀的操作者，必須做研究和觀察——而不是指操作本身。就這點而論，賣力工作和夢想、創造力、堅忍不拔、驅力、渴望及投入等人格特質有關係。賣力工作的意思當然不是說，操作本身的過程應該緊繃著不放，當然也不表示要在市場中不斷掙扎，或者和市場不斷對抗。相反的，操作過程愈是不花力氣，顯得十分自然，成功的機會愈高。就像「禪與操作藝術」一章中那位匿名操作者所說的：「操作和射箭一樣，每當我們花了力氣、力量、緊繃神經、掙扎或試這試那，事情總是做錯。你會脫離市場的節拍，和市場斷了線。完美的操作，就是不需要花力氣的操作。」

你可以想像世界一流的長跑選手，以每五分鐘一哩的速度一哩又一哩地往前奔跑。接下來，可以再想像一位二百五十磅重的胖子，想要用每十分鐘一哩的速度往前跑。雖然距離遠，速度快，專業賽跑選手卻能以十分優美的體態往前滑，可以說幾乎不費吹灰之力。可是那位胖子，卻可能跑得上氣不接下氣。誰花得力氣比較多？誰比較賣力在跑？可是誰又比較成功？當然了，世界一流的選手在受訓時十分賣力，而這種事前的賣力

和投入，正是成功的要件。

9. 資金管理與風險控制。 我訪問過的操作者中，幾乎每個人都認為資金管理比操作方法還重要。許多可能成功的系統或操作方法，到頭來卻造成災難，理由是使用那些策略的操作者欠缺一套控制風險的方法。你不必是個數學家，或者瞭解投資組合理論，才能管理風險。控制風險很簡單，只要遵照三個步驟：

A. 任何操作都不要拿本金的 1%或 2%以上去冒險（這個數字可以根據你所採取的方法，稍微往上提高，但是，我強烈認為不該超過 5%）。

B. 在操作之前，務必預定出場點。我訪問過的許多操作者，都強調這個原則。

C. 要是損失超過原始本錢的某一預定比率（例如 10%到 20%），那不妨休息片刻，分析一下什麼事情出了差錯，等到你覺得有信心，有了可以獲得高報酬率的點子之後，再開始操作。對帳戶金額大的操作者來說，每一次都拿很小的金額去操作，比一次投入很大的金額要好。接受訪問的許多操作者都說，連續賠錢的時候，應該大幅縮減操作規模。

10. 操作計畫。 沒有操作計畫，卻想在市場中賺錢，就像沒有藍圖要蓋房子一樣——損失不貲（以及可以避免）的錯誤在所難免。操作的計畫只要把個人的操作方法、明確的資金管理和操作進場原則結合在一起就可以。柯勞茲認為，操作者

在市場上碰到的所有重大困難，都起源於欠缺操作計畫。崔浩斯強調，操作計畫應該反映個人的核心哲學。他認為，欠缺核心哲學，在面臨極其艱苦的時期，你就沒有能力堅守所建立的倉位或者堅守原定的操作計畫。

11. 自律。 我訪問過的操作者中，自律可能是最常被提及的字眼，而且他們提到這件事時，往往是帶著很抱歉的語氣：「我知道你以前聽過這件事幾百萬遍，但是相信我，這件事十分重要。」

自律之所以重要，有兩個基本原因。首先，這是維持有效的風險控制的前提，其次，必須自律，才不會三心兩意，為選擇哪一個操作而煩惱。我敢打包票，每次你選擇操作，幾乎總會選錯。為什麼？因為你總是會選擇那些叫你安心的操作，而且，就像艾克哈特所說的：「讓人感覺安的操作，往往是錯的。」

最後，不要忘了，你絕對免不了有一些不良的操作習慣，所以說，最好的方法，是壓制它們，不要讓它們出現。只要你懈怠或不注意，它們就會重現。

12. 不能置身事外，務必負起責任。 不管是賺錢或賠錢，你都必須為自己的結果負起責任。即使你是聽信營業員的小道消息、諮詢顧問公司的建議，或者所用系統發出的錯誤訊號，你都不能擺脫責任，因為去聽和去行動的決定，是你自己做成的。我從來沒碰過一位成功的操作者，把自己的損失怪到別人頭上。

13. 獨立自主。 你必須有自己的想法，不為群眾的歇斯底里所動。正如塞柯塔指出的，某一消息在全國性的期刊上現身時，整個趨勢可能已近尾聲。

你也必須自己下操作決定，絕不要聽信別人的意見。聽別人的話，在一兩筆操作上也許有用，最後總免不了要付出慘重的代價——更不要提混淆了你自己對市場的看法。就像馬可斯（Michael Marcus）在《金融怪傑》一書中所說的：「你必須照著自己點亮的燈往前走。如果想根據兩位操作者的意見行事，總會得到每個人最差的地方。」

另一件相關的事情，和我在《金融怪傑》裡訪問的另一位操作者有關。如果把他的眼睛遮起來，關在池底的一個箱子裡，他操作得一定比我好，可是他仍很有興趣傾聽我對市場的看法。有一天，他打電話來問：「你認為日圓會怎麼走？」

那時候，日圓是我對市場有強烈感覺的少數商品之一，它形成了某種特別的圖形，令我十分看壞後市。「我想，日圓就要一路下跌，我現在是放空，」我回答。

他列舉了許多理由，說明為什麼日圓已經超賣，反彈在即。他掛斷電話後，我心裡想著：「明天起我就要因公出差，近幾個星期來，我在操作上不是做得很好，目前的戶頭中，放空日圓是我唯一的倉位，在種種因素的考量下，我真的不聽信這位世界上一級棒的操作專家之言嗎？」最後我決定結束日圓的操作。

　　幾天後，出差回來，日圓下跌了一百五十點。事情說來就是那麼巧，那個下午，那位操作者又打電話來，話題轉到了日圓，我忍不住問他：「對了，你還做多日圓嗎？」

　　「喔，不，」他答道，「現在放空。」

　　這位操作者並沒有刻意想誤導我，相反的，在他表示意見時，總是堅決相信每一種市場意見。不過，他的操作時機掌握得相當好，正反兩面操作可能都賺了錢。相對的，即使我原先的動作做得對極了，到頭來卻一無所得。這裡得到的教訓是，即使是比你好得多的操作者提供的建議，也可能使你賠得一塌糊塗。

　　14. 信心。　在我訪問過的操作者中，幾乎普遍具有一種特質，那就是無可救藥地相信自己有能力繼續在市場中賺到錢。《金融怪傑》訪問過的范塔普（Van Tharp）博士，是位心理學家，對操作者做過很多研究，他說，賺錢的操作者有一個基本特質，就是他們相信「自己還沒有開始做，就贏了」。

　　15. 賠錢是遊戲中不可或缺的一部分。　出色的操作者充分瞭解，賠錢是操作這場遊戲中固有的成分。這種態度似乎和信心有關係。由於傑出的操作者相信自己有能力在長期賺到錢，所以個別的操作賠了錢不是可怕的事；某些操作賠錢似乎是不可避免的——本來就是這個樣子。就像琳達·拉琦克所說的：「從來沒有為賠錢煩過心，因為我知道，馬上就可以賺回來。」

　　應付賠錢的妙方，莫過於抱著擔心虧損擴大的心理。要是

不能壯士斷腕，認賠了事，最後不是得承受更大的虧損，就是錯過很棒的操作機會——任何一種缺憾，都有損成功的機率。

16. 缺乏信心時休息片刻。 只有在滿懷信心和感到樂觀時，才進場操作。我常到聽一些操作者說：「我就是似乎每件事都不稱心，都做得不對。」或者說：「我想，我又賣到最低點。」如果你有這些負面的想法，那正是稍事休息，不要繼續操作的明確訊號。重返市場的時候，要緩緩為之，不要噪進。不妨把操作想作冰冷的海洋，一頭栽下去之前，總要先試試水溫。

17. 急切想聽別人的意見時，正是該退場的時刻。 有了想求教於別人的想法，正好洩露自己缺乏信心。就像琳達·拉琦克所說的：「要是你發現自己竟然向別人請教某筆操作的意見，這就是很肯定的訊號，表示你該平掉那個倉位了。」

18. 發揮耐性。 等候合適的機會再進場，可以增加成功的機率。你不必時時在市場中。正如李菲佛（Edwin Lefèvre）在他經典之作《股市做手的回憶錄》（*Reminiscences of a Stock Operator*）所說的：「不管在什麼地方，什麼時候，總有一些笨伯在做錯誤的事，華爾街也有一些傻瓜，認為他們得時時刻刻操作。」羅傑斯（Jim Rogers）在《金融怪傑》中，對於操作需要耐性，有一段精彩的說法：「我只等到錢躺在轉角處時才進場，所做的事情，只是走到那裡，把它撿起來。」換句話說，在他十分肯定某筆操作簡單到有如從地上撿錢之前，什麼事也不做。

溫斯坦（Mark Weinstein，在《金融怪傑》一書中也訪問過）提出了如下生動的比方：「雖然印度豹是世界上跑得最快的動物，能抓住草原上的任何動物，卻總是等到確定能逮到獵物時才行動。牠可能躲在灌木叢裡一個星期，只爲了等候正確的時機。牠會在那邊等候一隻小羚羊，但不是任何一隻小羚羊都可以，最好是跛了腳或者病了的羚羊。只有在這個時刻，也就是逮住獵物萬無一失時，才發動攻擊。我以爲，這正是專業操作的縮影。」

最後，我建議操作者要小心，不要爲了彌補前面幾次操作的損失，過份急切想進場操作，把錢給賺回來。報復式的操作，或者說是想扳回一城的心理，保證失敗。

19. 靜坐不動十分重要。　耐性之所以重要，不只在於等待正確的操作，也在於賺錢的操作須抱牢不動。正確的操作沒有等到適當的時機獲利了結，是利潤不能更上一層樓的主要因素。李菲佛在「股市做手回憶錄」中說：「讓我賺大錢的，不是我的想法，而是靜坐不動。聽得懂嗎？坐著一動也不動！」艾克哈特在這個問題上也說了：「有一句絕對不對……老掉牙的格言說：獲利了結絕不會使人破產。許多操作者破產，正是因爲這樣做。業餘人士因爲發生龐大的虧損而破產，專家卻因爲賺取蠅頭小利而破產。」

20. 擬定低風險的操作構想。　范塔普在他的研討會上用了一種練習，要學員找出時間，把他們的低風險操作構想寫下來。低風險操作構想之所以有價值，是因爲它結合了兩種基本要

素：耐性（因爲只有少量的點子才合格）和風險控制（已在定義中）。花點時間想想低風險的策略，對所有的操作者來說，都是有幫助的。至於想出什麼樣的操作構想，則因不同的操作者而有很大的差別，主要要看操作者做得是哪一個市場，以及用的是什麼樣的方法。在我參加過的那次研討會上，學員提出了一長串的低風險操作構想。其中一個例子是：在操作的市場中，波動的情況必須讓人相信，你發生錯誤的可能性很小。雖然和操作無關，我個人所喜愛的低風險構想是：「在警察局旁邊開家甜甜圈店。」

21. 改變下注金額很重要。 長期而言，不斷賺錢的所有操作者，都占有優勢。但是這種優勢可能隨著不同的操作，而有很大的起伏。我們可以用數學公式證明，勝算機率不等的各種賭博，都可以根據個人所察覺的贏錢機率，調整下注金額，而使贏到的錢達到最多。最適當的 21 點下注策略，完美地說明了這個觀念。

要是操作者對哪一筆操作比較占上風有些概念——比方說，懷著較高的信心去操作（假設有一個可靠的指標）——那麼在這種情況下，作風比較積進大膽是合理的。就像朱肯米勒所說的：「獲取（出色的）長期報酬率的方法，是透過保本和擊出全壘打……當你對某筆操作懷著很高的信心時，就必須全力以赴。當一頭豬，是要勇氣的。」《金融怪傑》訪問過的許多操作者，都擁有敏銳的判斷力，知道何時該鼓起勇氣，用力踩下油門，以獲得出色（有別於還不錯）的報酬率。

有些受訪的操作者提到，他們會依自己當時操作的情形，調整操作規模。比方說，麥凱指出，調整倉位規模的比例高達一百比一，在他並不是不常見的事。他發現，這個方法可以幫助他在賠錢的期間減低風險，而在賺錢的期間提高獲利率。

22. 操作時要漸進漸出。 你不必一次就建立整個倉位，或一次退出整個倉位。漸進漸出可以讓你更有彈性，不斷調整操作規模，同時擴大可以選擇的範圍。大部分操作者不假思索，就犧牲了這個彈性，因為人性天生的慾望，就是要求全部都對（根據定義，漸進漸出法是指某部分的操作是在比其他部分還壞的情況下才買進或賣出）。李普修茲指出，由於漸進法，他才能抱持某個長期賺錢的倉位，抱得比大部分的操作者久得多，而這就是漸進法的潛在好處。

23. 做對事情比做個天才還重要。 我想，有那麼多人想抓到頭部和底部，原因之一是他們想向全世界證明自己有多聰明。操作者務必只想要賺錢，不要想當英雄。不要用你抓到大頭部或大底部的距離有近，來判斷操作是不是成功。判斷操作是否成功，應該看你能不能在有利的風險／報酬情況下選取個別的操作，以及賺錢的操作占了多少百分比。操作者算不算成功，看的是他每一筆操作是不是經常賺錢，而不是看他有沒有完美的操作。

24. 別擔心自己在別人眼裡看起來很蠢。 上個星期，你在辦公室裡逢人就說：「我做的分析剛剛給了一個很棒的訊號，應該大買史坦普指數。它就要創新高價。」現在，你檢討了之

後的市場走勢，發現某些地方似乎錯了。市場不但沒有大漲，反而急轉直下。直覺告訴你，市場十分脆弱。不管你有沒有察覺，你原來講的那些話勢必矇蔽了你的客觀性。為什麼？因為在告訴全世界市場將創新高之後，你一定不想讓人覺得其蠢如豬。因此，你可能力圖使市場的走勢看起沒那麼壞。你會說：「市場並沒有崩跌，只是拉回整理洗盤，把信心不堅的多頭給洗掉。」由於這種自圓其說的態度，最後使你賠錢的倉位抱得很久。解決這個問題的方法很簡單：別跟別人說你怎麼處理了你的倉位。

要是你的工作非要你談個人的意見不可（就跟我的一樣），怎麼辦？可用的原則是：每當你開始擔心目前的看法和以前的看法相互牴觸時，便應該進一步扭轉你對市場的觀感。拿我個人的例子來說，1991 年初，我做了個結論，相信美元已經形成一個大底部。我特別記得，有位聽眾會員問我，對外幣走勢的看法如何。我十分大膽地預測，美元就要走高好幾年。幾個月之後，美元從 1991 年 8 月蘇聯政變以來的漲幅，在還沒有等到政變失敗的傳聞證實，便全部跌光，我感到大事不妙。我想，我不只一次講過，美元的漲勢就要維持好幾年，在不安和困窘的交雜下，我覺得，應該是改變看法的時候了。

我初入這一行的頭幾年，碰到這種情形，總是找理由自圓其說，搞得灰頭土臉好幾次之後，終於學乖了。就上面所說的那個例子來說，很幸運的，我放棄了原先的預測，因為接下來幾個月內，美元一瀉千里。

25. 有時採取行動比按兵不動要重要。 等價格回檔再進場，聽起來像是明智的做法，卻往往是錯誤的。當你的分析、方法或直覺告訴你，馬上進場比等待回檔要好時，就放手去做。你要提防，即使知道最近幾個時點如果進場，價格可能比現在進場要好，千萬不要受這種事情影響，尤其是在市場突然大幅波動時（往往是因為重要新聞突發）。如果你不覺得市場即將回檔，這種考量是無關緊要的。這類操作往往奏效，是因為做起來很困難。這裡有一個很好的例子，那就是李普修茲操作小組裡的操作員，願意在七大工業國（G-7）會議後市場崩跌時大賣美元。這個原則的另一個例子是，崔浩斯願意在利多的盈餘報發表後，股價業已大漲時大量買進，前提是只要他覺得新的資訊顯示那支股票還會漲得更高。

26. 逮到部分的漲勢也是不錯的。 即使新的趨勢出現之後，錯過了一大段走勢，也不要因此不再進場順勢操作（只要你能定義合理的停損出場點）。根據麥凱的觀察，一段趨勢最容易操作的部分，是中間那一段。這表示，在還沒有進場之前，會錯過一部分的走勢。

27. 儘量提高利潤，不是增加賺錢的操作筆數。 艾克哈特說，人的天性並不是想使利潤達到最高，而是希望提高賺錢的機率。問題是，這種天性會使人不把注意力集中在賺到的利潤（或賠掉的損失）到底有多大──這個缺點很難使績效操作達到最理想的狀態。艾克哈特斬釘截鐵地說：「操作的成功率是最不重要的績效統計數字，甚至與績效成反比。」亞斯回應這點，也有類似的看法：「對撲克牌和選擇權操作來說，一體適用的

基本觀念是，首要目標不是大部分的賭局或操作都贏，而是要在贏的那次，讓贏的錢儘量多。」

28. 學會不忠。 在家人、朋友及寵物之間，忠心可能是個美德，但是對操作者來說，忠心卻是致命的缺點。千萬不要死抱著某個倉位不放。操作新手老是堅守著原始的倉位，忽略了自己做錯的訊號，使得損失愈滾愈大，卻還一心盼望著走勢扭轉。比較有經驗的操作者，則學到了資金管理的重要性，發現自己明顯做錯，馬上平掉倉位。但是真正的操作能手，則會一百八十度轉彎，只要市場走勢明顯逆轉，即使有所虧損，也會馬上反向建立倉位。朱肯米勒在 1987 年 10 月 19 日股市崩盤前一天，從放空改做多的時機抓得其差無比，不過，他能夠立即承認錯誤，而更重要的是，在察覺到錯誤後，毫不猶疑地採取行動，雖然賠了很多錢，馬上又改成放空，因此，本來那個月會賠得很慘，最後卻還是淨賺。

29. 實現部分利潤。 賺錢時不妨實現若干利潤，以防操作紀律演變成志滿意得。在操作過大或拖拖拉拉不肯平掉賠錢的操作時，人很容易找理由自圓其說：「總要有利潤吧？」從操作帳戶裡提領出來的錢，才是真正的錢。

30. 期望是個很差的字眼。 對操作者來說，期望是個很差的字眼：賠錢時期望走勢轉而對自己有利，以致拖拖拉拉，不肯平倉；錯過某筆操作時，期望走勢回折，好找個更好的進場點。如果某筆操作該做，光是期望走勢回折，盼到老也等不到。唯一的方法往往是馬上進場操作，只要能找到合理的停損

出場點就行。

31. 別做叫人安心的事情。 艾克哈特講了一段令人膽顫心驚的話：選擇叫人安心事物的天性，會使大多數人的下場比隨機產生的結果要惡劣。實際上，他的意思是說，人性的特質會產生其差無比的操作決策，倒不如丟硬幣或擲飛鏢決定要怎麼做。艾克哈特提到一些例子，說明我們常做的一些叫人安心的選擇，反而違背了良好的操作原則，例如：發生虧損時還要下賭注；必贏的操作死抱著不放；逢高買進，逢低殺出；設計（或購買）跟過去的價格走勢配合得過份完美的操作系統。對操作者來說，其中隱含的意思是：做正確的事，不做叫人安心的事。

32. 非贏不可，反而贏不了。 華爾街有句古老的名言：「驚弓的錢絕對贏不了。」理由很簡單：拿賠不起的錢去冒險，在操作時，所有的情緒陷阱都會擴大。朱肯米勒為挽救他的公司，「孤注一擲」進場操作，便是這句金玉良言的絕佳例證。雖然他抓到國庫券市場的真正底部，時間相差不到一星期，還是賠光了所有的錢。非贏不可的心理，反而容易使人在操作時出差錯（比方說，融資比率過高，以及剛剛那個例子中所說的欠缺規劃）。市場很少能夠容忍操作者在絕望時犯下粗心大意的錯誤。

33. 市場讓你輕易脫時，務必三思而後行。 市場讓你以比預期要好很多的價格出場時，別急著擺脫叫你寢食難安的那個倉位。如果由於某新聞事件，或者在前一個收盤價位上，技術

性的價格走勢失敗，而讓你一整個晚上或（一整個週末）擔心
不利的價格走勢，別慌，其他許多操作者可能也跟你一樣擔心。
市場並沒有強烈反映這種憂慮心理的事實，正顯示有某些非常
有力的支撐力量，對原先所建立的倉位有利。這個觀念在《金
融怪傑》一書中，由舒華茲首先提出，在本書中，又由李普修
茲提出他承認使自己怕得要死的操作而得到驗證。在李普修茲
的例子中，他本來是在強勁彈升的市場中持有很大的美元空頭
倉，必須等到東京開盤，有足夠的流動性才能平掉倉位。東京
美元開盤價比預期的要弱時，李普修茲並沒有清倉以求解脫，
反之，他的操作本能告訴他，平倉行動要延後——這個決定，
使他掌握到比原來好很多的出場點。

　　34. 開放胸懷。　　開放的胸襟似乎是傑出操作者共有的特
質。比方說，布雷克進場操作的動機，是想向朋友證明價格走
勢是隨機的。在他發現自己錯了之後，便成了操作者。崔浩斯
則說，心靈就像一副降落傘，只有在完全打開時才有用。

　　35. 想尋求刺激，市場是個代價昂貴的地方。　　操作常讓人
覺得十分刺激，但是刺激不能使人操作成功（除非顛倒來講）。
在《金融怪傑》一書中，海特（Larry Hite）談到，他曾經和
一位朋友聊天，那位朋友不了解為什麼他要一板一眼地照著電
腦操作系統的指示去做。朋友問：「海特，你怎麼能用那種方
法操作呢，那不是很無聊嗎？」海特答道：「我不是為了找刺
激才操作的，我操作是為了賺錢。」本書中，霍克納也提到，
有一位操作者感到很洩氣，原因是用賺錢的方式去操作很無
聊。

36. 靜若處子。 若說成功的操作有什麼樣的情緒狀態，那該說是激情的反面。霍克納根據他的觀察，提到傑出操作者不管市場出現什麼樣的變化，總是保持冷靜而且超然物外的態度。他舉出史泰德梅爾（Peter Steidlmayer）在某個倉位對自己不利時的反應，正是這種態度的寫照。史泰德梅爾當時的反應是：「嗯，再看一下吧。」貝索（Tom Basso）也直接談到操作時超然物外的好處：「要是你不說：『我要做這筆操作』，而是說：『我要看自己做這筆操作』，突然之間，你會發現整件事情變得容易許多。」

37. 找出壓力並消除它。 操作時感到壓力存在，表示一定有某件事做錯了。感到壓力的存在時，不妨想想原因，然後採取行動消除這個問題。比方說，假設你確定壓力的最大來源，是平掉賠錢倉位時的猶疑不決，那麼解決這個問題的方法，便是在每一次建立倉位時，就下個具保護作用的停損單。

舉我個人的例子來說，我有一部分的工作是對公司內的營業員提供操作建議。這個工作非常類似操作，而且我是兼做。但我覺得，提供建議實際上比操作還困難。在多年的建議產生淨賺之後，有一陣子，我一直給別人很差的建議，似乎怎麼建議都不對。看對市場走向時，建議的買價卻有點偏低（或者賣價太高）。進場之後，而且方向也對時，卻碰到停損點而出場——往往是在回折的極點處幾個跳動點內。

我的因應辦法是，研擬出幾套電腦操作程式和技術指標，好擴大我提供給公司建議的多樣性。現在我還是每天觀察市場

並研判，但提供的建議不再以準確性為標準。大幅擴大操作建議的範圍和資訊，並且把大部分的工作負荷轉移到機械式的方法，我才能大大減輕個人緊張的來源，在此過程中，同時改善產品研究的品質。

38. 注意直覺。 就我所知，直覺是存在於潛意識心靈的經驗。意識心靈所做的市場分析，其客觀性乃由各式各樣的外部考量因素構成（比方說，某人目前在市場中建立的倉位，不願改變先前所做的預測）。但是潛意識卻不受這些限制因素的壓抑。很遺憾地，我們沒有辦法立即利用潛意識的想法。但是，每當有些想法從直覺而來，操作者務必十分注意。正如在「禪與操作的藝術」一章中，那位匿名的操作者所說的：「這裡面的要點是要能區辨『你希望什麼事情發生』，以及『你曉得什麼事情就要發生』」。

39. 畢生的使命和熱愛這一行。 訪問本書中的操作者時，我有一種十分明確的感覺，那就是許多人覺得操作正是他們想做的事──基本上，可以說這輩子的使命就是操作。霍克納引用葛林德（John Grinder）談到使命時的話：「有什麼樣的事情，你十分喜愛，願意花錢去做它？」從頭到尾的訪問過程中，這些金融怪傑在談到操作時眉飛色舞的神采，以及對操作的熱愛，在在叫我感動。許多人拿類似遊戲的東西來比喻操作。對這一行的熱愛，可能正是成功的基本要素。

40. 出人頭地的心理。 法里斯（Gary Faris）針對復健成功的運動員作了研究，霍克納從中得出出人頭地的六大重要步

驟,似乎也可以運用在操作時邁向成功的目標上。霍克納所說
的策略如下所述:

A. 兼用「投向」和「避開」的動機;

B. 目標是充分發揮自己的能力,甚至更上一層樓,凡是
低於這個標準的結果,都不能接受;

C. 把可能十分巨大的目標切割成一小塊一小塊,完成每
一步時,都能得到滿足感;

D. 全副心神放在眼前──也就是,只注意眼前手頭上的
任務,不去管長遠的目標;

E. 在達成目標的過程中,必須親自參與(不能光靠別
人);

F. 拿自己和自己做比較,衡量進步情形。

41. 價格走勢並非隨機＝市場是可以擊敗的。 談到學術圈
人士相信價格走勢是隨機一事時,特勞特說:「那可能正是他
們何以是教授,而我因為做我的事情而賺錢的原因所在。」有
關價格走勢是不是隨機的爭論,還沒有結束,但是,根據本書
和上一本書傑出操作者的訪問經驗,我可以不加思索地表示,
隨機漫步理論是錯的。我有這種信念,不是基於這些金融怪傑
所賺金額的多寡,而是因為在某些例子中,他們經常賺錢。一
個特別叫人注意的例子是,布雷克賺錢月份和賠錢月份的比是
25 比 1,平均年報酬率是 45%,而最差的賠損率只有 5%。我
們很難想像,這種一面倒的結果,純粹是靠運氣或機率得來
的──在大家全是操作者的世界中,也許有這種巧合,但在操

作者數目有限的這個世界中，卻不能這樣講。當然，在市場上賺錢不是容易的事——事實上，在專家不斷增多的這一行，賺錢愈來愈困難——卻是可以做到的！

42. 操作只是生命中的一部分。 這輩子，除了操作，還有別的事好做。

寰宇圖書分類

智 慧 投 資

分類號	書 名	書號	定價	分類號	書 名	書號	定價
1	股市大亨	F013	280	29	金融投資理論史	F252	600
2	新股市大亨	F014	280	30	華爾街一九○一	F264	300
3	金融怪傑（上）	F015	300	31	費雪・布萊克回憶錄	F265	480
4	金融怪傑（下）	F016	300	32	歐尼爾投資的24堂課	F268	300
5	新金融怪傑（上）	F022	280	33	探金實戰・李佛摩投機技巧（系列2）	F274	320
6	新金融怪傑（下）	F023	280	34	金融風暴求勝術	F278	400
7	金融煉金術	F032	600	35	交易・創造自己的聖盃（第二版）	F282	600
8	智慧型股票投資人	F046	500	36	索羅斯傳奇	F290	450
9	瘋狂、恐慌與崩盤	F056	450	37	華爾街怪傑巴魯克傳	F292	500
10	股票作手回憶錄	F062	450	38	交易者的101堂心理訓練課	F294	500
11	超級強勢股	F076	420	39	兩岸股市大探索（上）	F301	450
12	非常潛力股	F099	360	40	兩岸股市大探索（下）	F302	350
13	約翰・奈夫談投資	F144	400	41	專業投機原理 I	F303	480
14	股市超級戰將（上）	F165	250	42	專業投機原理 II	F304	400
15	股市超級戰將（下）	F166	250	43	探金實戰・李佛摩手稿解密（系列3）	F308	480
16	與操盤贏家共舞	F174	300	44	證券分析第六增訂版（上冊）	F316	700
17	掌握股票群眾心理	F184	350	45	證券分析第六增訂版（下冊）	F317	700
18	掌握巴菲特選股絕技	F189	390	46	探金實戰・李佛摩資金情緒管理（系列4）	F319	350
19	高勝算操盤（上）	F196	320	47	期俠股義	F321	380
20	高勝算操盤（下）	F197	270	48	探金實戰・李佛摩18堂課（系列5）	F325	250
21	透視避險基金	F209	440	49	交易贏家的21週全紀錄	F330	460
22	股票作手回憶錄（完整版）	F222	650	50	量子盤感	F339	480
23	倪德厚夫的投機術（上）	F239	300	51	探金實戰・作手談股市內幕（系列6）	F345	380
24	倪德厚夫的投機術（下）	F240	300	52	柏格頭投資指南	F346	500
25	交易・創造自己的聖盃	F241	500	53	股票作手回憶錄-註解版（上冊）	F349	600
26	圖風勢──股票交易心法	F242	300	54	股票作手回憶錄-註解版（下冊）	F350	600
27	從躺椅上操作：交易心理學	F247	550	55	探金實戰・作手從錯中學習	F354	380
28	華爾街傳奇：我的生存之道	F248	280				

共 同 基 金

分類號	書 名	書號	定價	分類號	書 名	書號	定價
1	柏格談共同基金	F178	420	4	理財贏家16問	F318	280
2	基金趨勢戰略	F272	300	5	共同基金必勝法則-十年典藏版（上）	F326	420
3	定期定值投資策略	F279	350	6	共同基金必勝法則-十年典藏版（下）	F327	380

投 資 策 略

分類號	書　名	書號	定價	分類號	書　名	書號	定價
1	股市心理戰	F010	200	23	看準市場脈動投機術	F211	420
2	經濟指標圖解	F025	300	24	巨波投資法	F216	480
3	經濟指標精論	F069	420	25	股海奇兵	F219	350
4	股票作手傑西‧李佛摩操盤術	F080	180	26	混沌操作法 II	F220	450
5	投資幻象	F089	320	27	傑西‧李佛摩股市操盤術 (完整版)	F235	380
6	史瓦格期貨基本分析（上）	F103	480	28	股市獲利倍增術 (增訂版)	F236	430
7	史瓦格期貨基本分析（下）	F104	480	29	資產配置投資策略	F245	450
8	操作心經：全球頂尖交易員提供的操作建議	F139	360	30	智慧型資產配置	F250	350
9	攻守四大戰技	F140	360	31	SRI 社會責任投資	F251	450
10	股票期貨操盤技巧指南	F167	250	32	混沌操作法新解	F270	400
11	金融特殊投資策略	F177	500	33	在家投資致富術	F289	420
12	回歸基本面	F180	450	34	看經濟大環境決定投資	F293	380
13	華爾街財神	F181	370	35	高勝算交易策略	F296	450
14	股票成交量操作戰術	F182	420	36	散戶升級的必修課	F297	400
15	股票長短線致富術	F183	350	37	他們如何超越歐尼爾	F329	500
16	交易，簡單最好！	F192	320	38	交易，趨勢雲	F335	380
17	股價走勢圖精論	F198	250	39	沒人教你的基本面投資術	F338	420
18	價值投資五大關鍵	F200	360	40	隨波逐流～台灣50平衡比例投資法	F341	380
19	計量技術操盤策略（上）	F201	300	41	李佛摩操盤術詳解	F344	400
20	計量技術操盤策略（下）	F202	270	42	用賭場思維交易就對了	F347	460
21	震盪盤操作策略	F205	490	43	企業評價與選股秘訣	F352	520
22	透視避險基金	F209	440				

程 式 交 易

分類號	書　名	書號	定價	分類號	書　名	書號	定價
1	高勝算操盤（上）	F196	320	8	PowerLanguage 程式交易語法大全	F298	480
2	高勝算操盤（下）	F197	270	9	交易策略評估與最佳化（第二版）	F299	500
3	狙擊手操作法	F199	380	10	全民貨幣戰爭首部曲	F307	450
4	計量技術操盤策略（上）	F201	300	11	HSP計量操盤策略	F309	400
5	計量技術操盤策略（下）	F202	270	12	MultiCharts快易通	F312	280
6	《交易大師》操盤密碼	F208	380	13	計量交易	F322	380
7	TS程式交易全攻略	F275	430	14	策略大師談程式密碼	F336	450

期　　　　貨

分類號	書名	書號	定價	分類號	書名	書號	定價
1	期貨交易策略	F012	260	6	期貨賽局（下）	F232	520
2	股價指數期貨及選擇權	F050	350	7	雷達導航期股技術（期貨篇）	F267	420
3	高績效期貨操作	F141	580	8	期指格鬥法	F295	350
4	征服日經225期貨及選擇權	F230	450	9	分析師關鍵報告（期貨交易篇）	F328	450
5	期貨賽局（上）	F231	460				

選　　擇　　權

分類號	書名	書號	定價	分類號	書名	書號	定價
1	股價指數期貨及選擇權	F050	350	7	選擇權策略王	F217	330
2	股票選擇權入門	F063	250	8	征服日經225期貨及選擇權	F230	450
3	技術分析＆選擇權策略	F097	380	9	活用數學・交易選擇權	F246	600
4	認購權證操作實務	F102	360	10	選擇權交易總覽（第二版）	F320	480
5	選擇權訂價公式手冊	F142	400	11	選擇權安心賺	F340	420
6	交易，選擇權	F210	480				

債　券　貨　幣

分類號	書名	書號	定價	分類號	書名	書號	定價
1	貨幣市場＆債券市場的運算	F101	520	3	外匯交易精論	F281	300
2	賺遍全球：貨幣投資全攻略	F260	300	4	外匯套利①	F311	480

財　務　教　育

分類號	書　名	書號	定價	分類號	書　名	書號	定價
1	點時成金	F237	260	5	貴族・騙子・華爾街	F287	25C
2	蘇黎士投機定律	F280	250	6	就是要好運	F288	35C
3	投資心理學（漫畫版）	F284	200	7	黑風暗潮	F324	45C
4	歐尼爾成長型股票投資課（漫畫版）	F285	200	8	財報編製與財報分析	F331	32C

財　務　工　程

分類號	書　名	書號	定價	分類號	書　名	書號	定價
1	固定收益商品	F226	850	3	可轉換套利交易策略	F238	520
2	信用性衍生性&結構性商品	F234	520	4	我如何成為華爾街計量金融家	F259	500

金　融　證　照

分類號	書　名	書號	定價	分類號	書　名	書號	定價
1	FRM 金融風險管理（第四版）	F269	1500				

讀者回函卡

親愛的讀者，為了提升對您的服務品質，請填寫下列資料，以傳真方式將此資料傳回寰宇出版股份有限公司。就有機會得到本公司的贈品及不定期收到相關之新書書訊與活動訊息。

您的基本資料：

姓　　名：_____

聯絡電話：_____　手　機：_____

E - mail　：_____

您所購買的書名：_____

您在何處購買本書：_____

您從何處得知本書訊息：（可複選）

☐ 本公司網站　　　☐ _____書店　　　☐ _____ 報紙
☐ 本公司出版目錄　☐ _____老師推薦　☐ _____ 雜誌
☐ 本公司書訊　(學校系所_____)　☐ _____ 電視媒體
☐ _____廣告 ☐ 親友推薦　　　　☐ _____ 廣播媒體
☐ 其他

您對本書的評價：(請填代號 1.非常滿意 2.滿意 3.尚可 4.需改進)

內　　容：____　理由：_____

版面編排：____　理由：_____

封面設計：____　理由：_____

譯　　筆：____　理由：_____

您希望本公司出版何種類型的書籍？_____

_____

您對本公司的建議(含建議翻譯之書籍或推薦作者等)：_____

_____

_____

寰宇出版股份有限公司

地址：106臺北市大安區仁愛路四段109號13樓
電話：(02)27218138轉333或363　　　傳真：(02)27113270
E-mail：service@ipci.com.tw

國家圖書館出版品預行編目資料

史瓦格期貨技術分析／Jack D. Schwager 著
寰宇財務顧問公司譯.-- 初版.-- 臺北市：
寰宇，民 87
　冊；　公分 .--（寰宇技術分析；105-106）
譯自：Technical analysis
ISBN 957-8457-52-9（上冊；平裝）
ISBN 957-8457-53-7（下冊；平裝）

1. 期貨交易

563.5　　　　　　　　　　　　　　　　87009159

寰宇技術分析 106

史瓦格期貨技術分析（下）

作　　者：Jack D. Schwager
譯　　者：寰宇財務顧問公司譯
出 版 者：寰宇出版股份有限公司
　　　　　106 台北市仁愛路四段 109 號 13 樓
　　　　　(02)2721-8138
劃撥帳號：第 1146743-9 號
 E-mail 　：service@ipci.com.tw
網　　址：www.ipci.com.tw
登 記 證：局版台業字第 3917 號
定　　價：400 元
西元一九九八年七月初版
西元二〇一四年三月初版九刷
ISBN 957-8457-53-7

網路書店：博客來 www.books.com.tw
　　　　　PChome 24 http://24h.pchome.com.tw/
‧本書如有缺頁、破損、裝訂錯誤，請寄回本公司更換。